DIE RETTUNG VON BERCHTESGADEN UND DER FALL GÖRING

DR. BERNHARD FRANK

Druck und Verlag:
Anton Plenk KG
Reichenbachstraße 8
8240 Berchtesgaden

ISBN 3-922590-24-1

Bildquellen-Nachweis auf Anfrage beim Verlag

DIE RETTUNG VON BERCHTESGADEN

UND DER FALL GÖRING

INHALT

Bormann im Gespräch mit Eva Braun

Hitler besucht Hermann Göring

VORWORT

Während die Fronten in Ost und West, in Nord und Süd zusammenbrachen, verbiß sich der Sekretär Adolf Hitlers, Reichsleiter Martin Bormann in seinem Ringen um persönliche Macht in eine Beute, auf die er lange gewartet hatte: Hermann Göring, den Reichsmarschall und designierten Nachfolger Hitlers. Er tat, als gäbe es keine verblutenden deutsche Soldaten, keine Opfer des Bombenkrieges.

Die dramatischen Ereignisse auf dem Obersalzberg während der letzten Tage vor dem Zusammenbruch kennzeichnen den Höhepunkt und das Ende dieses Vorganges.

Hitler gab mir als Kommandanten des Obersalzberges den Befehl, Göring zu verhaften und später den, ihn zu erschießen. Heute, fast vierzig Jahre danach, bleibt mir die Aufgabe, meine Erlebnisse für eine spätere Geschichtsschreibung zu berichten.

Um dem Gedächtnis nachzuhelfen, habe ich Freunde zu Rate gezogen, die jene Ereignisse am Rande miterlebten.

Sie halfen mir auch beim Redigieren des Textes. Mein besonderer Dank gilt den Herren Rudolf Lehmann, verstorben am 17. September 1983, Werner Grothmann, Fritz Darges und Hans Schwaiger.

DER OBERSALZBERG

»Der Obersalzberg war eine Gnotschaft der ehem. Gemeinde Salzberg, die am 1. 1. 1972 zusammen mit den Gemeinden Au und Maria Gern ein Bestandteil der Marktgemeinde Berchtesgaden wurde. Vom Obersalzberg gingen die großen Veränderungen der dreißiger Jahre aus, als er 1933 Sommersitz des Reichskanzlers Adolf Hitler wurde, der am 26. 6. 1933 das von ihm schon 1925 gepachtete Haus Wachenfeld kaufte. Hauptsächlich auf Betreiben des 1945 in Berlin spurlos verschwundenen Reichsleiters Bormann wurde bis 1937 die alte, organisch gewachsene Besiedlung des Obersalzbergs durch Zwangsaufkäufe zerstört.

Mit wenigen Ausnahmen wurden die alten Bauernhöfe, Pensionen und Privathäuser abgerissen, um Platz für ein schließlich hermetisch abgeschlossenes »Führer-Sperrgebiet« und ehrgeizige Baupläne zu schaffen. Die Gemeinde Salzberg, vor allem ihr Amtmann Rasp, der jahrzehntelang die Gemeindeverwaltung leitete, bemühte sich in den Nachkriegsjahren vergeblich um eine Wiederbesiedlung des Obersalzbergs durch Rückgabe der Grundstücke an ihre ehemaligen Besitzer. 37 Jahre nach Kriegsende ist der Raum der alten Besiedelung immer noch genau wie damals Bestandteil der US-Recreation Area und wird es wohl noch längere Zeit bleiben. Eine wichtige Unterlage für Regelungen der Zukunft ist eine vor mehr als 30 Jahren erarbeitete chronologische Zusammenstellung der Verkäufe.
Die Forstverwaltung mußte das Gelände des Kehlstein mit rd. 670 ha abgeben. Nach den Aufkäufen betrug der Besitz der NSDAP 290,2393 ha. Hitler war mit 8,0300 ha Grundfläche im Grundbuch eingetragen.
An Stelle der früheren Besiedelung entstanden in geradezu atemberaubendem Tempo eine Kaserne, ein grosses Garagengebäude, ein neues Hotel (Platterhof), ein Gutshof, Siedlungen für Angestellte und Arbeiter. Daneben wurden Privathäuser für einige hohe NS-Funktionäre gebaut.

Mauritia Meier,
die legendäre Wirtin des ursprünglichen Platterhofes.

Seite 7
Oben: Der Ort Obersalzberg vor 1933.
Mitte: Haus Wachenfeld, später Berghof genannt.
Unten: Das Kehlsteinhaus in 1834 m Höhe

Hitler ließ sein ursprünglich bescheidenes Landhaus Wachenfeld zu dem repräsentativen »Berghof« umbauen. Auf dem Kehlstein entstand ein einstöckiger Halbrundbau, in der Öffentlichkeit als Teehaus bezeichnet. Für den Bau dieses Hauses und der 6,512 km langen Straße, die bis zu einer Höhe von 1700 m unterhalb des Hauses führt und nur eine Kehre aufweist, mußten große Schwierigkeiten überwunden werden. Von dem an der Nordseite angelegten Parkplatz, zu dem auch vom Ofnerboden eine heute als Fußweg benutzte Straße von 4 km Länge angelegt wurde, führt ein 124 m langer und 3 m hoher Stollen zu einem Lift, der durch einen 124 m hohen Schacht unmittelbar in das Vestibül des Hauses führt.

Nahezu das gesamte Gebiet wurde abgesperrt und konnte nur mit Sonderausweis betreten werden. Der Reichssicherheitsdienst richtete eine eigene Dienststelle ein. Das Hotel »Platterhof« war in den letzten Kriegsjahren Lazarett. Sonst standen Teile für die Allgemeinheit offen.
Nach Feststellungen des Bayer. Finanzministeriums haben die Objekte auf dem Obersalzberg, zusammen mit Kehlsteinhaus und 20 km, asphaltiertem Straßennetz seinerzeit 980 Mill. RM gekostet. Mit den Bauarbeiten waren durchschnittlich 3000 Arbeiter beschäftigt. Für sie waren umfangreiche Barackenlager errichtet, in denen sie auch verpflegt wurden.
Nach Hitlers Kriegserklärung, besonders aber ab 1943, wurde fieberhaft am Bau von Luftschutzstollen und unterirdischen Schutzräumen gearbeitet. In der unmittelbaren Umgebung von Hitlers Berghof entstanden Stollen von 3 km Länge und bis zu 30 m Tiefe, sowie Bunkeranlagen von rd. 4000 Quadratmeter Nutzfläche.
Bei dem Luftangriff auf den Obersalzberg am 25. 4. 1945 wurden am Berghof Hitlers der Seitentrakt, die Häuser von Göring und Bormann erheblich und das Hotel »Platterhof« mehrfach getroffen. An den übrigen Gebäuden entstanden ebenfalls erhebliche Schäden. Das Gelände war von Bombentrichtern übersät. Beim Einmarsch der Amerikaner am 4. 5. 1945 (101. US-AIRBORNE-DIVISION) ging der Berghof in Flammen auf. Das Gebiet wurde sofort militärischer Sperrbezirk.

Nach der bedingungslosen Kapitulation am 8. 5. 1945 übernahmen die Siegermächte die oberste Regierungsgewalt in Deutschland einschließlich aller Befugnisse der Reichsregierung. Durch Kontrollratsgesetz wurden die Immobilien- und Vermögenswerte der NSDAP und ihrer hohen Funktionäre beschlagnahmt und unter die Kontrolle der Militärbefehlshaber gestellt. Zur Sicherung der beschlagnahmten beweglichen Vermögenswerte bestellte die Militärregierung für den Landkreis Berchtesgaden einen Treuhänder.
Als gegen Ende 1945 die ersten Heimatvertriebenen in den Landkreis eingeschleust wurden, der private Wohnraum einschl. Fremdenzimmer weitgehend von Evakuierten belegt war und die Besatzungsmacht alle größeren Hotels beschlagnahmt hatte, mußten zur Unterbringung der Heimatvertriebenen u.a. auch die Arbeiterbaracken auf dem Obersalzberg kurzfristig instand gesetzt werden. Sie konnten jedoch nach Instandsetzung der Siedlungen auf der Buchen- und Klaushöhe, sowie privater Baumaßnahmen gegen Ende des Jahres 1949 aufgelöst werden. Die nach Kriegsende eingerichtete Schule auf der Buchenhöhe wurde zum Schuljahr 1967/68 in die Hauptschule Berchtesgaden eingegliedert.
Besucher des Obersalzberges hatten seit seiner Besetzung erstmalig ab Ende Mai 1949 wieder Gelegenheit, in dem von diesem Zeitpunkt ab sperrfreien Gebiet am Hintereck eine Erfrischungs- und Erholungs-Gaststätte zu besuchen. Bis dahin bestand seit der Besatzung im Mai 1945 keinerlei Möglichkeit, sich während einer Wanderung in einem Lokal auszuruhen und eine Erfrischung einzunehmen.
Mit der allmählichen Lockerung der Besatzung rückte auch die künftige Verwendung des Obersalzberg in den Vordergrund. Das Ruinengelände und die Bunker auf dem Obersalzberg waren in den Nachkriegsjahren das Ziel Tausender ausländischer und deutscher Touristen. Die Bemühungen und Klärung der Verhältnisse am Obersalzberg führten im Jahre 1951 zur Übertragung der Kehlsteinstraßen und des Kehlsteinhauses in die Zuständigkeit der deutschen Verwaltung. Die baufälligen Ruinen auf dem Obersalzberg mußten gesprengt werden.

Oben: Platterhof und Gästehaus »Hoher Göll« in ihrer ursprünglichen Gestalt vor der Machtergreifung Hitlers.

Unten: Der Gutshof Obersalzberg, im Hintergrund Watzmann und Hochkalter.

Seite 9
Oben: Einmarsch der Amerikaner in Berchtesgaden.
Mitte: Der Berghof nach dem Bombenangriff der Allierten am 25. April 1945.
Unten: Landhaus Göring nach dem Bombenangriff vom 25. 4. 1945.

Mit den Sprengungen wurde Mitte November 1951 begonnen. Es wurden folgende Objekte abgetragen: Das Göring-Haus, das Bormann-Haus und der Kindergarten, das Gästehaus »Hoher Göll« mit allen Nebengebäuden, das Postamt gegenüber dem Platterhof, das Verpflegsamtsgebäude, das »Kampfhäusl« und das Gewächshaus mit Gärtnerei. Als letztes Objekt wurde am 30. April 1952 die Ruine des Berghofes gesprengt. Das Hotel »Platterhof«, der Gutshof und das Atelier Speer blieben weiterhin von der Besatzungsmacht beschlagnahmt.

Im Juni 1951 wurde dem Landkreis Berchtesgaden das Alleinbenützungsrecht an den staatseigenen Privatstraßen Hintereck – Kehlstein und Ofneralm – Kehlstein übertragen. Kurze Zeit später erhielt er die Erlaubnis, einen Linienverkehr auf den Kehlstein zu betreiben. Sie wurde 1956 auf den Fremdenverkehrsverband des Berchtesgadener Landes übertragen. Die Omnibuslinie wird seit Erteilung der Erlaubnis von der Deutschen Bundespost und ab 1981 vom RVO befahren.

Das Kehlsteinhaus wurde 1952 von Freistaat Bayern an die Sektion Berchtesgaden des DAV verpachtet.
1960 wurde der aus Anlaß der 150-jährigen Zugehörigkeit des Berchtesgadener Landes zu Bayern auf Initiative des damaligen Landrats Jacob errichteten »Berchtesgadener Landesstiftung« das Nießbrauchrecht am Kehlsteinhaus mit Grundstücken und an den Kehlsteinstrassen übertragen.

Seit 1952 ist im Kehlsteinhaus ein Wirtschaftbetrieb eingerichtet. Das Haus ist seitdem für jedermann zugänglich. Die Omnibuslinie wurde Ende Mai 1952 in Betrieb genommen. Bis dahin war das Kehlsteinhaus nur Besatzungsangehörigen zugänglich. Die Recreation Area der US-Armee befuhr die Straße mit eigenen Fahrzeugen.«

Aus dem Buch »Das Berchtesgadener Land im Wandel der Zeit« des Heimatkundevereins Berchtesgaden 1982.

Josef Geiß schrieb 1951 in seinem Tatsachenbericht über den »Obersalzberg« auf Seite 102 ff. auch über die Vorgänge um dessen »Ende«. Hier lesen wir unter anderem: »Der SS-Kommandant des Obersalzberges, von dem seit Monaten bekannt ist, daß er der Wahnsinnspolitik Hitlers entgegensteht, verhaftet zwar Hermann Göring, stellt ihn aber unter seinen Schutz.«

Diese Wertung wie auch die vieler anderer Historiker der Nachkriegszeit erfolgte jedoch, ohne daß der Kronzeuge jener dramatischen Ereignisse gehört worden war: Hier legen wir seinen Bericht vor. Er meint abschließend:
»Ich tat, was Millionen deutscher Soldaten in meiner Verantwortung und bei dem mir zur Verfügung stehenden Einsichten auch getan hätten«.

WIE ICH KOMMANDANT DES OBERSALZBERGES WURDE

Nach einem geisteswissenschaftlichen und volkswirtschaftlichen Studium an der Johann-Wolfgang-Goethe-Universität zu Frankfurt/Main in den Jahren 1932 bis 1934 begann meine militärische Ausbildung in der SS-Verfügungstruppe.
Ich nahm an einem Führeranwärterlehrgang in Ellwangen/Jagst teil. Anschließend erfolgte meine Versetzung zum 1. Lehrgang der SS-Junkerschule in Braunschweig unter ihrem Kommandeur SS-Oberführer Paul Hausser, Generalleutnant der damaligen Reichswehr und Generalstabsoffizier des I. Weltkrieges. Anschließend kam ich an die SS-Schule Haus Wewelsburg, um dort als wissenschaftlicher Mitarbeiter tätig zu sein.
Ich konnte mein geisteswissenschaftliches Studium fortsetzen und promovierte im November 1938 an der Universität Münster in Westfalen. Meine Dissertation trug den Titel: »Die Flurnamen der Gemarkung Wewelsburg«.
Danach trat ich die Nachfolge von Dr. des Condres an, der die etwa 20000 Bände umfassende Bibliothek der Wewelsburg aufgebaut und geleitet hatte. Ich begann sehr bald mit den Vorarbeiten für meine Habilitationsschrift, die von dem Volkskundler Prof. Dr. Höfler in München gefördert wurde. Bald nach Kriegsausbruch erfolgte meine Einberufung zum SS-Ersatzbataillon in Breslau. Ich tat Dienst als Zugführer, Bataillonsadjutant und Kompanieführer.
Im Dezember 1941 riefen uns erste Rückschläge im Rußlandfeldzug an die Wolchowfront. Unser Bataillon wurde eingekesselt. Ein Vierteljahr lang wehrten wir die Angriffe des immer wieder anstürmenden Feindes ab.
Als wir im April 1942 aus der Umklammerung befreit wurden, verließ ich die umkämpfte Stellung als Bataillonsführer mit 90 noch einsatzfähigen Männern. Nach einer Auffrischung des Bataillons wurden wir in der Wolchowschlacht eingesetzt, einem der letzten großen deutschen Erfolge dieses Krieges.
Ich wurde anschließend als Kommandeur der 2. Flak-Abteilung RFSS nach Wehlau in Ostpreussen versetzt.
Um meine Kenntnisse der für mich neuen Waffe nach einer gewissen Aufbau und Ausbildungszeit zu vertiefen, besuchte ich einen Offizierslehrgang der Luftwaffenflakschule in Rerik (Pommern). Hier lernte ich modernste Feuerleitgeräte kennen.
Während meiner Fahrt nach Rerik las ich, daß Stalingrad am 2. Februar 1943 gefallen war. Die Bedeutung dieser Nachricht erkannte ich allerdings erst später.
Im September 1943 erreichte mich ein neuer Einsatzbefehl. Ich hatte mich nach Berchtesgaden in Marsch zu setzen und als Kommandeur der Flak-Abteilung B Obersalzberg den Flakschutz des dortigen Gebietes zu übernehmen. Mein Einsatzgebiet umfaßte zunächst nur den Raum Obersalzberg Berchtesgaden. Etwa Mitte 1944 wurden mir auch noch Luftschutzaufgaben für Bad

Reichenhall und Salzburg übertragen. Hierbei war ich auf Zusammenarbeit mit Einheiten der Luftwaffe angewiesen.
Als ich an einem freundlichen Herbsttag im Berchtesgadener Bahnhof eintraf und das geschäftige Treiben dort und auf dem Bahnhofsvorplatz beobachtete, spürte ich: Hier betrittst du eine andere Welt.

Es gab viele Offiziere in schmucken Uniformen, schwere Wagen mit Dienststandern und Menschen, die nach Kleidung und Gehabe an friedlichere Zeiten erinnerten.
Ein Wagen stand zur Abholung bereit. Die Fahrt ging steil bergan; eine kurvenreiche, gut ausgebaute Gebirgsstraße, hier und da eine Blick auf die Dächer und Türme der im Tal eingebetteten Stadt Berchtesgaden. Malerische Ausblicke von einzigartiger Schönheit. Es kamen vereinzelt Gehöfte, Wiesen und Wald. Der Fahrer erläuterte mir: Hier das Landhaus Speer, dort hinter einer Waldkulisse kaum zu erkennen der Gutshof Obersalzberg und dann, bereits hoch über Berchtesgaden, das erste Postenhaus. Kontrolle, Hackenklappen, Weiterfahrt.

Dasselbe noch zweimal, vorbei an einem breit hingelagerten und klassisch schön gegliederten Gebäudekomplex. Es war der bekannte Platterhof mit seinen großartigen Arkaden. In einer sanften Kurve schwang sich die Straße wieder talwärts. Ihr Verlauf wurde durch ein wuchtig in großen Steinquadern aufgeführtes Postenhaus unterbrochen. Kontrolle. Nun wurde talwärts das große Geviert der Kaserne sichtbar, deren Steildächer, fast ebenso hoch wie die Geschoße selbst, den Kasernenhof umschlossen.

Der Wagen hielt im Hofinneren vor einer Steintreppe. Der Chef der Wachkompanie meldete sich und führte mich auf mein Zimmer; ein schmuckloser Raum in unmittelbarer Nähe des Offizierskasinos. Durch das schmale hohe Fenster blickte ich auf die Straße, welche etwa 100 m weiter unten zum Berghof führte, sowie auf den Göringhügel. Dort oben befand sich das Landhaus des damaligen Reichsmarschalls Hermann Göring, allerdings von meinem Zimmer aus nicht einzusehen.

Die Türme der Stiftskirche von Berchtesgaden; im Hintergrund der Obersalzberg mit dem Kehlsteinhaus.

Seite 12 und 13
Blick vom Lercheck (nahe der Gemeinde Au) auf das Berchtesgadener Tal; ein schönes Beispiel natürlicher Nebelbildung.

Seite 11
Der Bahnhof Berchtesgaden in seinem Vorkriegszustand von Berchtesgaden aus gesehen; im Hintergrund der Watzmann.

Wachposten vor dem Berghof.

Seite 14 und 15
Der Platterhof nach dem Umbau durch Martin Bormann.

Seite 16 und 17
Unten: Panoramaübersicht über die damaligen Bauten am Obersalzberg. Die eingezeichneten Nummern finden sich auf der nachfolgenden Liste wieder. Sie gibt Aufschluß über die Bedeutung der mit Nummern gekennzeichneten Gebäude.

1. Postamt im Sperrgebiet.
2. Gärtnerei.
3. Wohnhaus der Chauffeure.
4. Groß-Autogarage.
5. Torhaus zum Sperrgebiet.
6. Kaserne, Wirtschaftsgebäude.
7. Kaserne, Exerzierhalle der Wachkompanie.
8. Kasernenhof, unterkellert mit Schießständen.
9. Kaserne, Unterkunft der Wachkompanie.
10. Gästehotel »Der Platterhof«.
11. Wohnhaus für Angestellte des Hotels Platterhof.
12. Verwaltung Obersalzberg.
13. Modellhaus für architektonische Planungen.
14. Kindergarten-Haus.
15. »Berghof«.
16. Haus Türken.

Seite 16
Oben: Letztes Postenhaus vor der Einfahrt in das engere »Führergebiet«. Die linke Bildhälfte zeigt eine Rückansicht der Kaserne und im Hintergrund den »Göringhügel«.

Seite 17
Oben: Die Kasernenanlage am Obersalzberg mit Haus Bormann und dem großen Gewächshaus. In der Bildmitte die große Steintreppe, welche zum Offizierskasino führte.

MEINE AUFGABE

Bei der Einführung in meine neue Aufgabe stellte ich fest, daß diese sich nicht nur auf den Flakschutz beschränkte. Es kamen noch andere Aufträge hinzu, die mit der Sicherung und Bewachung des genannten Gebietes zu tun hatten. Der Flakauftrag dominierte jedoch.
Ich sollte das Gebiet Obersalzberg Berchtesgaden gegen feindliche Luftangriffe schützen.
Hier waren im engeren Umkreis um Hitlers Bergdomizil viele Reichsdienststellen aber auch Kommandobehörden hohen Ranges untergebracht, Anlaß genug, daß der Gegner diese lohnenden Ziele eines Tages angreifen könnte. Die dadurch bestehende besondere Gefährdung der dort lebenden Zivilbevölkerung war gleichfalls zu beachten.
Das wichtigste Schutzobjekt hieß natürlich Obersalzberg und hier wiederum das den Berghof umgebende sogenannte »engere Führergebiet«.
Die abgedruckte Übersichtskarte zeigt das Berchtesgadener Land mit den Batteriestellungen der Flak und der Nebelabteilung.
Der Entschluß, den Obersalzberg und Berchtesgaden durch Flak zu schützen, war im August 1943, also kurz vor meinem Eintreffen, gefaßt worden. Dessen Verwirklichung betrieb Bormann mit der gewohnten Energie. Die ersten Flakbatterien wurden deshalb schon vor meinem Eintreffen in Stellung gebracht. Sie wurden mir durch den Kommandeur des Flakersatzregimentes der Waffen-SS in München, der die bisherigen Maßnahmen geleitet hatte, ordnungsgemäß übergeben.
Folgende Flakeinheiten befanden sich bereits in Stellung oder wurden in den darauf folgenden Tagen in Stellung gebracht; eine Flakbatterie mit vier 8,8 cm Kanonen auf dem Roßfeld.
Die Roßfeldalm war damals noch ein Stück unberührter Natur.
Im Sommer Weideplatz für das Vieh der Almbauern, im Winter tief verschneit, die Almhütte verschlossen.
Es führte zunächst ein schmaler Pfad nach oben, der während des Krieges zu einer Breite von etwa 3 m ausgebaut wurde, damit die Versorgung der Flak sichergestellt werden konnte. Durchschnittlich 1500 m hoch gelegen, reichte der Blick weit in das Salzburger Land und bei guter Sicht bis zu den Seen des Salzkammergutes. Vor allem konnten von hier aus das Berchtesgadener Land und der Obersalzberg gut eingesehen werden.
Im Frühjahr 1944 wurden auf dem Roßfeld noch 3 Batterien mit insgesamt zwölf 10,5 cm Kanonen in Stellung gebracht, sodaß die dort stehende Einheit auf Abteilungsstärke gebracht wurde. Die große freie Fläche dieser Almwiese, nach Westen sanft, nach Osten ins österreichische Gebiet steil abfallend bot sich hierfür an.
Die dadurch entstehenden zusätzlichen Nachschubprobleme wurden zunächst mit einer Maultierkolonne gelöst.
Als dies nicht mehr ausreichte, veranlaßte ich den Bau einer Paternosterseilbahn, deren Talstation sich an der Buchenhöhe nahe dem Obersalzberg befand.
Die Roßfeldalm, ostwärts vom Obersalzberg auf einem Bergrücken gelegen, bot flakartilleristisch besonders günstige Voraussetzungen.
Schußposition, Schußfeld und Sichtverhältnisse waren zur Erfüllung der Aufgabe (Schutzobjekt Obersalzberg, Berchtesgaden) gut geeignet. Deshalb bildete ich hier den Schwerpunkt des Waffeneinsatzes.

Lageplan und Darstellung der damaligen Flakstellen durch Nummern. Die Bedeutung dieser Nummern erläutert die nachfolgende Liste: **SS-Flak-Abteilung Obersalzberg**

1 **Roßfeld,** 12 FK 10,5 cm, 4 FK 8,8 cm, 2 Funkmeßgeräte, Flakabteilungsstab, Paternosterseilbahn, Buchenhöhe – Roßfeld
2 **Schönau,** 4 FK 8,8 cm, Batteriestab
3 **Berchtesgadener Ache,** 4 FK 8,8 cm, Batteriestab
4 **Oberau,** 4 FK 8,8 cm, 4 FK 3,7 cm, Batteriestab
5 **Kneifelspitze,** 4 FK 3,7 cm, Seilbahn
6 **Sillberg,** 4 FK 3,7 cm
7 **Grünstein,** 4 FK 3,7 cm, Seilbahn
8 **Lockstein,** 4 FK 3,7 cm
9 **Antenberg,** 6 FK 2,2 cm, 2 Vierlinge 2,2 cm
10 **Kehlstein,** 4 FK 3,7 cm
FK = Flakkanone

Maria Gern
Bischofs
wiesen
Stanggaß
Salzberg
BERCHTESGADEN
MARKT
Au
Unterau
Oberau
Brandlberg
Resten
Kainzenk.
Achtforstwalder
Obersalzberg
Schwarzort
Dalsen
Ahornbüchsenk.
Kehlstein
Scharitzkehl
Engedey
Schönau
Strub
Unterstein
Königs
see
Hohes Brett
Umgang
Alpelköpfe
Jenner
Vogelstein
Brandk.
Grünstein
Sommerbichel
Kreuzelwd.
Rabenwd.
Büchsenk.
Archenk.
Gotschenk.
Kälberst.
Baderlehen
Locksteinn
Almbach
Killansberg
Gernberg
Ligeret
Hintereck
Rennlehen
Kilianskirche
Hochfeld
Eckersattel
Rauchfang
Endstal
Jugenddorf
Margarethenhof
Hoffner
Schapbach
Christlieger
Villa Beust
Strub-A.
Königsberg-A.
Dürreck
Salzwd.
Sulzberg
Schwöb
Hanauer
Winkl
Weinfeld
Neusieden
Hochgartwald
Mitterbach
Zinken
Geißstallhöhe
Stein
Oberer Stein
Bruch

Eine weitere schwere Batterie mit vier 8,8 cm Flakkanonen befand sich in Schönau, also westlich von Obersalzberg gelegen. Schönau hat eine durchschnittliche Höhenlage von ca. 700 m und erstreckt sich vom Berchtesgadener Bahnhof nach Südwesten etwa bis zum Fuße des Grünsteines (1304 m).

Dieses weiträumige Wiesen- und Weidegelände mit eingestreuten Gehöften bot ebenfalls eine günstige Schußposition. Es kam dort aber auch, besonders im Winter wegen der Tallage, zur Bildung eines Kältesees, der fast immer Nebel entstehen läßt. Dieser, wie auch der durch die Nebelabteilung künstlich erzeugte, nahm der Schönaubatterie die Sicht. Ihre Feuerleitung mußte dann vom Obersalzberg, das heißt von der dortigen Flakbefehlsstelle aus, vorgenommen werden.
Ähnliche Bedingungen fand eine dritte schwere Batterie vor, die auf einer großen freien Fläche an der Ache in Berchtesgaden in Stellung ging. Die Kanonen standen am Ortsausgang von Berchtesgaden unweit der Straße, die nach Schellenberg führt.

Schließlich gab es noch eine schwere Batterie mit vier 8,8 cm Kanonen in Oberau. Die Stellung befand sich etwa dort, wo heute die moderne Roßfeld-Höhenringstraße beginnt. In Oberau, damals noch überwiegend eine bäuerliche Streusiedlung, war auch die Stabsbatterie der 4. leichten Batterie untergebracht. Deren Batteriechef lenkte von hier aus den Einsatz seiner leichten Flak. Diese Flak-Züge besaßen 3,7 cm und 2,2 cm Kanonen. Je ein solcher Zug mit vier 3,7 cm Rohren stand auf dem Grünstein, dem Sillberg, der Kneifelspitze, dem Lockstein und in Oberau selbst.
Ein weiterer Zug leichter Flak stand mit sechs Rohren 2,2 cm Flakkanonen und mit zwei 2,2 cm Vierlingen Flakkanonen auf dem Antenberg. Die genannten Stationierungsorte der leichten Flak am Obersalzberg waren bewußt an möglichst hohen und beherrschenden Punkten der nahen Obersalzberger Umgebung ausgewählt worden. Die Reichweite dieser Kanonen schließt die wirksame Bekämpfung hochfliegender Ziele (über 3000 bis 4000 m; je nach Höhe des Standortes, von welchem aus geschossen wird) aus.

Geschützstellung einer 10,5 cm Flakkanone auf dem Roßfeld mit Bedienungsmannschaft.

Oben: Geschützstellung einer 10,5 cm Flakkanone mit Bedienungsmannschaft auf dem heutigen Lifthang am Roßfeld.

Unten: Eingeschneite ebensolche Geschützstellung während des sehr schneereichen Winters 1943/44. Die Zugänge zu den Unterkünften und Geschützen mußten damals zum Teil in höhlenähnlichen Gängen durch die Schneemassen geschaufelt werden.

Panoramablick vom Roßfeld; links Berchtesgaden.
In der Bildmitte der Untersberg; weiter nach rechts Salzburg;
im Vordergrund davor die Roßfeldhütte.

Seite 25
Blick von der Roßfeldhütte zur Buchenhöhe. Hier verlief die Trasse der Paternosterseilbahn, mit deren Hilfe die Versorgung der Flakeinheiten auf dem Roßfeld, in Ablösung der zunächst hierfür eingesetzten Maultiere, sichergestellt wurde.

In diesem Kaser waren während der letzten Kriegsjahre die Maultiere untergebracht, welche als Tragetiere die Stellungen am Roßfeld mit Nachschub versorgten.
Aufnahme 1984.

Sie dienten also vornehmlich der Bekämpfung von Tieffliegerangriffen und da wieder insbesondere solcher feindlicher Unternehmen, wie sie am Gran Sasso bei der Befreiung Mussolinis geflogen wurden.
Der Grünstein zum Beispiel, 1304 m über dem Meeresspiegel und etwa 700 m über dem Königssee gelegen, eine steil ansteigende und spitz auslaufende Bergspitze, Vorberg des Watzmann, bot genügend Schußfeld zur Beherrschung des nahen Luftraumes südlich von Berchtesgaden.
Ähnlich waren die Verhältnisse auf dem etwas weiter nördlich gelegenen Sillberg und dem Lockstein über Berchtesgaden.
Die Kneifelspitze (1189 m) erhebt sich steil und spitz zulaufend im Norden von Berchtesgaden und unweit der Wallfahrtskirche Maria Gern, dem mächtigen Untersbergmassiv vorgelagert. Sie bot günstige Voraussetzung für eine wirksame Bekämpfung von Nahfliegerzielen im Raum nördlich Obersalzberg Berchtesgaden.

In Oberau wiederum war die Schußposition für die Bekämpfung von Nahzielen nicht ganz so günstig wie bei den vorher genannten Standorten. Immerhin konnte von hier aus auch ostwärts von Berchtesgaden feindlichen Tieffliegern eine wirksame Waffe entgegengesetzt werden. Während das Einfahren der Kanonen auf Grünstein, Sillberg und Kneifelspitze wegen des steilen Angangs nur im zerlegten Zustand möglich war, boten Lockstein und Oberau keine Schwierigkeiten dieser Art.

Nachschubprobleme, die in den schneereichen Wintermonaten besonders drängten, zwangen mich schließlich dazu, für die Stellungen auf dem Grünstein und auf der Kneifelspitze Materialseilbahnen zu bauen. Die Seilbahn zum Grünstein schwebte frei von der Talstation bis zur Bergspitze über einem schwindelerregenden Abgrund. Die zur Kneifelspitze erhob sich kaum über die Tannenspitzen, sodaß ich selbst die Auffahrt in einem primitiven Tragekorb wagte.

Während die erwähnten 3,7 cm Flakkanonen imstande waren, auch tief geflogene Bombenangriffe abzuwehren, dienten die 2,2 cm Vierlinge und 2,2 cm Einzelkanonen ausschließlich der Abwehr von Luftlandemanövern des Feindes, die in der unmittelbaren Nähe des Berghofes erwartet werden mußten. Sie wurden deshalb am Antenberg in Stellung gebracht, der, nur wenige hundert Meter vom Berghof entfernt, hierfür am besten geeignet erschien. Hier standen auch die Wohnbaracken der Bauarbeiter des Obersalzberges, sodaß es für die Mannschaften des Flakzuges keine Unterbringungsschwierigkeiten gab.
Die geschilderte Anordnung der Flakstellungen rund um Obersalzberg und Berchtesgaden nutzte die Beschaffenheit des gebirgigen Geländes, um den Ring flakartilleristischer Abwehr an den günstigsten Positionen zu schließen.
Eine Lücke blieb jedoch zunächst offen: Der Kehlstein, 1837 m hoch und nach Luftlinie dem Obersalzberg am nächsten gelegen, blieb vorerst unantastbar.
Erst Mitte 1944 ließ Bormann sich überzeugen, daß die Luftabwehr für den Obersalzberg auf diese Geschützstellung nicht verzichten konnte.
Unter Hinzurechnung der später besetzten Flakstellungen Kehlstein standen somit folgende Flakeinheiten im Einsatz: Eine schwere Abteilung mit 12 Kanonen 10,5 cm auf dem Roßfeld.
Eine schwere Batterie mit 6 Kanonen 8,8 cm ebenfalls auf dem Roßfeld. Beide Einheiten unterstanden einem Abteilungskommandeur, dessen Gefechtsstand sich ebenfalls auf dem Roßfeld befand.
Je eine schwere Batterie mit vier 8,8 cm Kanonen in Oberau, Berchtesgaden und in Schönau.
Ein Zug mit vier 3,7 cm Kanonen ebenfalls in Oberau. Je ein Zug mit je vier 3,7 cm Kanonen auf der Kneifelspitze, dem Sillberg, dem Grünstein, dem Lockstein über Berchtesgaden und dem Kehlstein, sechs Kanonen 2,2 cm und zwei Vierlinge 2,2 cm auf dem Antenberg nahe dem Platterhof.
Während der Anwesenheit des Führerhauptquartieres von März bis Juli 1944 wurde der Flakschutz im Raume Salzburg durch die Luftwaffe verstärkt.

Die frisch geschlagene Waldschneise für die Errichtung einer Versorgungsseilbahn zum Gipfel der Kneifelspitze (1189 m).

Seite 27
Oben: Flakunterkünfte und mit Planen gegen Witterungseinflüsse geschützte Flakgeschützstellungen auf der Kneifelspitze. Im Vordergrund links ragt ein Teil der Bergstation der besagten Versorgungsseilbahn ins Bild.

Unten: Geschützstellungen mit 3,7 cm Flakkanonen auf der Kneifelspitze. Rechts unten wird der oberirdische Teil eines Munitionsbunkers sichtbar.

Seite 28
Oben und **Unten:** Flakkanoniere auf der Kneifelspitze üben den Einsatz ihrer 3,7 cm Flakkanonen.

Seite 29
Oben: Flakkanoniere auf der Kneifelspitze kurz nach dem »Essen fassen«. Im Hintergrund rechts die Oberau.

Unten: Mannschaftsunterkünfte für die Flakkanoniere auf der Kneifelspitze.

Seite 30
Oben: Geschützstellungen für 3,7 cm Flakkanonen auf dem Weinfeld unterhalb des Locksteines mit Mannschaftsunterkünften im Vordergrund. Eine Häuserzeile des von hier aus gegen Tieffliegerangriffe zu schützende Berchtesgaden im Hintergrund sichtbar.

Unten:
Eine dieser massiv betonierte Geschützstände aus der Nähe gesehen.

Das Innere eines solchen Geschützstandes mit Munitionslager (Gefechtsbevorratung), Lager für Ersatzteile, optische Geräte usw. Im Hintergrunde Blick auf den Markt Berchtesgaden.

DIE NEBELABTEILUNG OBERSALZBERG

Um den Flakschutz für den Obersalzberg wirksamer zu gestalten, wurde Ende 1943 noch eine Nebelabteilung Obersalzberg aufgestellt. Diese übernahm am 10. Oktober 1943 die von der Luftwaffe durch die »LW-Nebelabteilung mot 1« eingerichteten Nebelstellungen. Die Nebelabteilung bestand aus 3 Batterien mit zunächst 270 Nebelgeräten (Faßgerät 43). Diese wurden im Gebiet Berchtesgaden - Obersalzberg - Königssee - Bad Reichenhall eingesetzt.

Deren Verteilung auf die einzelnen Stützpunkte erfolgte nach vorheriger Überprüfung der jeweils gegebenen meteorologischen Bedingungen. Hierbei spielten die Durchschnittswerte von Windrichtung, Luftdruck und Luftfeuchtigkeit eine besondere Rolle. Die 200 l Fässer wogen im gefüllten Zustand 6 Zentner und waren mit Nebelsäure, d.h. mit Chlorsulfonsäure und Schwefeltrioxyd gefüllt.

Mit Hilfe von Preßluft wurde dieses Gemisch durch eine Düse zerstäubt. Die natürliche Luftfeuchtigkeit begünstigte eine wirksame Nebelbildung.

Durch die Vernebelung des Gebietes sollte gezielter Bombenabwurf erschwert oder unmöglich gemacht werden.

Die Nebelabteilung Obersalzberg hatte bei ihrer Aufstellung eine Stärke von 1 Offizier (Kommandeur), 40 Unterführern und 600 bedingt kriegsverwendungsfähigen Männern.

Um zu gewährleisten, daß unnötige Vernebelungen unterblieben, aber auch, daß im Ernstfall der Befehl zur Vernebelung rechtzeitig gegeben wurde, bedurfte es einer Reihe von Voraussetzungen:

Jeder Feindeinflug mußte nach Zahl und der Art der Maschine, Fluggeschwindigkeit und -richtung sowie nach der Flughöhe bewertet werden. War zu erkennen, daß der Obersalzberg in einer bestimmten Zeit angeflogen werden könnte, so mußte der Nebelbefehl gegeben werden. Hierbei war zu berücksichtigen, daß eine ausreichende Einnebelung je nach Witterung und Windverhältnissen 20 bis 30 Minuten Zeit erforderte. Bei einer Probevernebelung unternahm der Kommandeur der Nebelabteilung mit Hitlers Flugkapitän Baur einen Inspektionsflug über dem Obersalzberg. An Bord befand sich eines der neuesten englischen Ortungsgeräte (Radargerät), das sogenannte »Rotterdam Gerät«, welches bei Rotterdam unbeschädigt in unsere Hände gefallen war.

Es ergab sich, daß nach der erfolgten Einnebelung nur noch undeutlich wahrnehmbare Umrisse der Kaserne Obersalzberg erkennbar blieben. Auch das Rotterdamgerät konnte keine günstigeren Ortungswerte liefern. Die Vernebelung erwies sich somit als vollkommen gelungen und hätte im Ernstfalle das Schutzgebiet wirksam getarnt.

Nebelgeräte der Nebelabteilung im Einsatz.

Einnebelung von Obersalzberg und Berchtesgaden im Sommer 1944.

Bild oben: Wirksamkeit der Einnebelung bei ungünstigem Hochdruckwetter; 10 Minuten nach Erteilung des Nebelbefehles.

Bild mitte: 15 Minuten nach Erteilung des Nebelbefehles.

Bild unten: 20 Minuten nach Erteilung des Nebelbefehles.

Seite 37
Natürliche Nebelbildung über Berchtesgaden mit Watzmann und der Taleinbuchtung des Königssees.

Seite 38 oben und unten: Beobachtungsturm der »Führerflugmeldezentrale« am Göringhügel. Die deutlich sichtbaren Betonhöcker gaben ausfahrbaren Antennen festen Halt.

Seite 39 oben: Stück der zerbrochenen Milchglasscheibe, welche in der »Führerflugmeldezentrale« zur Darstellung der Luftlage diente.

Unten: Skizze des unterirdischen Luftschutzsystems Berghof – Haus Türken – Haus Bormann. Das Luftschutzsystem des Landhauses Göring hatte auf Betreiben Bormanns keine direkte Verbindung hierzu und war somit isoliert.

Vor und nach der Vernebelung wurden Reliefaufnahmen aus 5000 m Höhe gemacht. Sie lieferten Erkenntnisse über mögliche Einflugschneisen.
Der Alarmplan für Flak- und Nebelabteilung setzte voraus, daß ich von feindlichen Flugbewegungen spätestens dann Kenntnis erhielt, wenn diese sich auf 45 Flugminuten, das sind ca. 225 km im Umkreis, dem Schutzobjekt genähert hatten. Die Fluggeschwindigkeit von Bomberflugzeugen berechnete man damals durchschnittlich mit 300 Stundenkilometern.
Für die rechtzeitige Alarmierung der Nebelgeräte-Bedienungen wie aber auch der Flak-Kanoniere bedurfte es deshalb einer Befehlsstelle, welche an die Flugwarnstellen im weiten Umkreis angeschlossen sein mußte. Deshalb wurde auf dem Obersalzberg die sogenannte **»Führer-Flug-Meldezentrale«** eingerichtet.

Flugwarnstellen mit sogenannten Ortungsgeräten (Feindbezeichnung »Radargerät«) befanden sich bei Zell am See, Vöcklabruck und auf dem Untersberg.
Die wichtigsten Ortungsgeräte im engeren Umfeld waren zwei sogenannte Freyageräte. Sie standen auf dem Gaisberg bei Salzburg. Ihre Leistungsfähigkeit wurde nur noch durch den sogenannten »Würzburg-Riesen« übertroffen.
Seine Ortungsmeldungen standen der »Führerflugmeldezentrale« ebenfalls zur Verfügung. Er stand weiter südlich auf dem Sonnwendjoch in den Hochalpen.
Nicht nur die genannten Flugwarnstellen sondern auch die gesamte deutsche Fernwarnung lieferte ihre Werte an die Führerflugmeldezentrale. So war ich in der Lage, die Luftlage über dem gesamten von deutschen Truppen besetzten europäischen Raum auf einer Karte zu beobachten.
Ursprünglich hatte ich nur eine übliche Flakbefehlsstelle zur Verfügung. Sie befand sich auf dem Antenberg nahe meinem Gefechtsstand. Ende 1943 entwickelte sich hieraus die Führerflugmeldezentrale. Sie wurde in einem Stollen in Felsgestein, etwa 30 m unter dem Göringhügel, eingerichtet.
Sie war mit den neuesten technischen Geräten ausgestattet, und galt als modernste Auswertungsstelle dieser

Flugwache auf dem Untersberg.

Zeit. So verfügte sie über drei 2 x 2 m Milchglasscheiben. Auf einer von ihnen wurde die Nahlage (etwa 200 km im Umkreis), die Mittellage (etwa 600 km) und die Fernlage (über 600 km im Umkreis) dargestellt. Als weitere Hilfsmittel für die Gefechtsführung gab es außerdem noch eine Beobachtungsstelle, welche aus dem Göringhügel ausgefahren werden konnte.
Das Stollenbausystem der Führerflugmeldezentrale lag zwar in unmittelbarer Nähe der Landhäuser Bormann und Göring, hatte aber damals keine direkte unterirdische Verbindung zu deren Stollenbauten.

Während der Anwesenheit des Führerhauptquartieres hatte die Führerflugmeldezentrale eine besonders heikle Aufgabe. Es ging nicht nur darum, Nebelabteilung und Flak rechtzeitig zu alarmieren und gefechtsbereit zu machen, nicht nur um die Auslösung des Alarms für den zivilen Luftschutz im Berchtesgadener Land, damit die Bevölkerung rechtzeitig die Luftschutzräume aufsuchen konnte, sondern auch um die Benachrichtigung Hitlers und seiner engsten Umgebung.

Hitler arbeitete meist bis tief in die Nacht und durfte deshalb oft nicht vor 11 Uhr geweckt werden. Ich setzte aus all den genannten Gründen im Ablösungsturnus meine zuverlässigsten und erfahrensten Offiziere auf der Befehlstelle ein. Sie überwachten auf den genannten Milchglasscheiben alle feindlichen Flugbewegungen. Hinter diesen Glasscheiben arbeiteten in weiße Mäntel gekleidete Spezialisten. Sie trugen Kopfhörer, waren mit den Flugwarnstellen verbunden und verdeutlichten den Weg einer feindlichen, oder auch eigenen Flugbewegung durch taktische Zeichen, die sie auf den Scheiben bewegten.

Auf der Vorderseite im großen Raum der Auswertung saß der jeweils verantwortliche Offizier auf der etwas erhöhten Befehlstelle. Vor sich bediente er eine Tastatur, um mit den wichtigsten Stellen sofort Verbindung herstellen zu können. Hinter ihm standen zwei Glastische. Einer von diesen hieß »Klotzschetisch«. Mit dessen Hilfe konnten sämtliche angeschlossenen Flakbatterien zu einem koordinierten Sperrfeuerschießen nach Planquadrat zusammengefaßt werden.

Die erforderliche Schußrichtung konnte somit durch ein Koordinatensystem festgelegt und an sichtbehinderte Batterien weitergegeben werden. Nur die Flakabteilung auf dem Roßfeld war hiervon ausgenommen. Sie besaß zwei Funkmeßgeräte und konnte deshalb auch bei Sichtbehinderung gezielt schießen. Der andere Tisch hinter der Befehlsstelle diente dem Nebeleinsatz.

Unter dem erhöhten Platz der Befehlsstelle saßen Offiziere des Heeres, der Luftwaffe, der Marine, sowie ein örtlicher Luftschutzbeauftragter und gaben über Mundwinkelmikrofone die jeweilige Luftlage an ihre Dienststellen im ganzen Reichsgebiet bis an die Fronten durch.

Wenn ein feindlicher Einflug aus der »Fernlage« in die »Mittellage« überwechselte, mußte eine Reihe von Beurteilungen vorgenommen werden: Stärke und Art des feindlichen Verbandes, Fluggeschwindigkeit und vorhersehbare Flugrichtung, Wetterlage und Tageszeit. Nachteinflüge bei Windstille und natürlicher Nebelbildung waren anders zu beurteilen als solche bei Tage, klarsichtigem Wetter und lebhafter Luftbewegung.

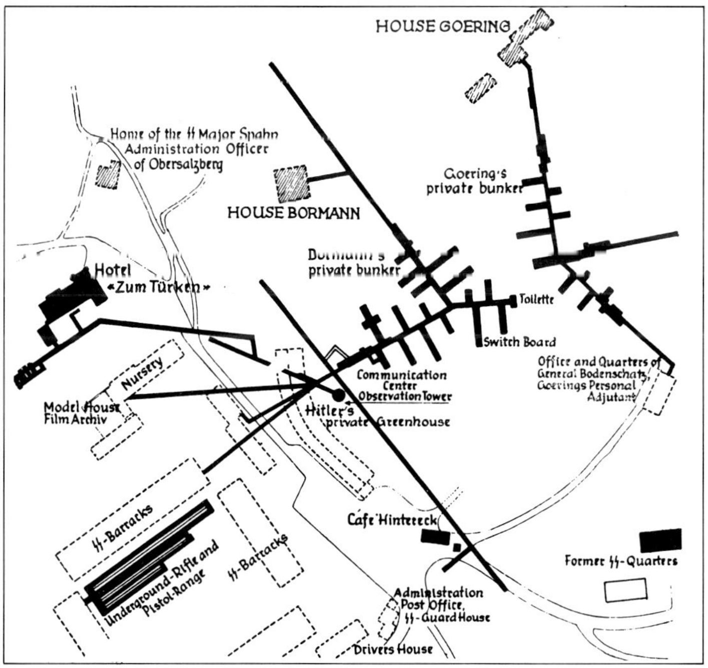

In letzterem Falle brauchte ich überdurchschnittlich viel Zeit, um die künstliche Vernebelung wirksam werden zu lassen. Große Luftfeuchtigkeit und Windstille beschleunigten die Nebelbildung.
Einer jeden Alarmierung ging ein Gespräch zwischen dem wachhabenden Offizier von der Befehlsstelle und mir voraus. Es gab Fälle, bei welchen ich zusammen mit ihm eine feindliche Luftbewegung lange Zeit beobachtete und beurteilte, bevor wir uns entschlossen, den nächsten Schritt, Alarmierung, vorzubereiten oder ganz auszuschließen. Zu den Vorbereitungen der Alarmierung gehörte immer ein Telefongespräch mit dem Luftwaffen-Adjutanten Hitlers, Oberst von Below.
Wenn die Situation es erforderte, schlug ich ihm vor, Hitler und sein Hauptquartier zu verständigen.

Es war mir dringend nahegelegt worden, ihn durch eine solche Vorwarnung niemals unnötig aus dem Schlaf zu reißen. Noch viel zwingender war es aber auch geboten, ihn nicht zu spät in den schützenden Stollen zu schicken. Diese Entscheidung zwischen zwei Möglichkeiten war vielleicht die heikelste Aufgabe meines Lebens.
Bei einer Gefährdung Hitlers durch eine zu späte Alarmierung war es mit Sicherheit verwirkt.
Es gab eine Verfügung Bormanns, wonach seine Familie zusammen mit dem gesamten Hauspersonal bei Fliegeralarm in die Ligerethütte (Kehlsteingebiet auf der Westseite) zu bringen war. Diese Luftschutzzuflucht für Familie Bormann war mit Proviant für ein Jahr ausgestattet und wurde vom RSD (Reichssicherheitsdienst) bewacht.

Bei Anwesenheit Hitlers und der damit verbundenen Anhäufung von wichtigen Dienststellen im nahen und weiteren Umkreis wurde der Flak- und Nebelschutz auch auf den Raum Bad Reichenhall, Ainring (Flughafen), Freilassing, Klessheim (Gästehaus der Reichsregierung), Salzburg und Hallein ausgedehnt. Hierbei kam es zum Einsatz entsprechender Luftwaffeneinheiten. Es ergab sich im Laufe der Jahres 1944 die Notwendigkeit enger Zusammenarbeit mit ihnen. Hierzu trug ein Vorfall bei, der sich im gleichen Jahr ereignete. Eine feindliche Bomberstaffel flog aus dem Süden an.

Kurz nach dem Start in Brindisi (Italien) wurde deren Weg in meiner Befehlstelle verfolgt. Wir rechneten mit einem Angriff in unserem Gebiet. Ich beobachtete vom Göringhügel aus mit dem Scherenfernrohr nach Salzburg hinüber. Die Vernebelung meines Schutzgebietes war bereits geglückt, während in Salzburg noch klare Sicht herrschte. Ich sprach mit dem dortigen Luftwaffenkommandeur und überredete ihn schließlich, auch zu nebeln. Offensichtlich hatten seine Luftlagemeldungen nicht mit denen der Führerflugmeldezentrale übereingestimmt.

Endlich sah ich auch über Salzburg die ersten Nebelsäulen in den Himmel steigen. Leider zu spät. Kurz darauf erschienen die ersten Feindmaschinen über Salzburg und öffneten ihre Bombenschächte. Dann mußte ich meinen Beobachtungsposten verlassen, da er im eigenen Nebel versank. Bei diesem Luftangriff wurden der Salzburger Dom und die Bahnhofsgegend schwer getroffen.

Meine Pflichten beschränkten sich aber nicht nur auf den Flakschutz in Verbindung mit dem Einsatz der Nebelabteilung. Mir unterstanden noch folgende Verbände:
Wachkompanie
Stollenbaukompanie
Führerfahrkolonne
Die Wachkompanie stellte rund um die Uhr und bei jeder Witterung Posten und Ehrenwachen im inneren Führergebiet. Sie standen auch an den Eingängen zum Berghof. Bei der Gelegenheit von Staatsbesuchen wurde dieser Dienst noch erheblich verstärkt, zumal prominente Gäste, z.B. Mussolini, Reichsverweser Horty aus Ungarn oder König Boris von Bulgarien in Schloß Klessheim bei Salzburg wohnten. Auch dort hatte dann die Wachkompanie Wach- und Ehrendienst zu versehen. Die Männer der Wachkompanie mußten sich einem ständigen Körpertraining und scharfem militärischen Drill unterziehen. Ihre Zahl erreichte manchmal bis zu 350 Mann.

Die Scharitzkehlalm; nach langem Sträuben des Besitzers einverleibte sich Bormann schließlich auch dieses reizvolle Almgebiet.

Oben: Mussolini-Empfang mit einer Ehrenwache der Wachkompanie.

Unten: Die Wachkompanie stellte Wachen rund um die Uhr; hier vor dem Berghof Adolf Hitlers.

Seite 42 und 43: Waffenreinigen auf dem Kasernenhof.

Seite 43 rechts: Schneeräumen auf dem Kasernenhof. Im Hintergrund ein Blick auf die Sporthalle.

Die Bewaffnung beschränkte sich auf Gewehre, leichte Infanteriewaffen, worunter sich auch leichte Minenwerfer befanden. Schwere Maschinengewehre fehlten.
Die SS-Kaserne Obersalzberg blieb der Wachkompanie für die Unterbringung vorbehalten. Für Zwecke der Ausbildung standen der große Kasernenhof, eine geräumige Exerzier- und Sporthalle und unter dem Kasernenhof unterirdische Schießanlagen zur Verfügung.
In den Gebäudetrakt gegenüber der Turnhalle befanden sich die Mannschaftskantine, das Offizierskasino und Wohnräume für Offiziere. Im gleichen Gebäude war auch die gemeinschaftliche Küche untergebracht. Außerdem befand sich hier noch das Fernheizwerk, von welchem aus sämtliche Gebäude des Obersalzberges aber ohne Berghof und Haus Göring beheizt wurden.

Die Küche lieferte, wie in der Waffen-SS allgemein üblich, für Offiziere und Mannschaften die gleiche Kost.
Bis etwa Juni 1943 war das Thema Flak- oder Nebelschutz auf dem Obersalzberg verpönt. Umso hektischer wurde danach mit der Verwirklichung derartiger und noch weitergehender Luftschutzmaßnahmen begonnen. Von heute auf morgen sollte der Berghof und das gesamte engere Führergebiet durch ein weitläufiges, mit komfortabel ausgestatteten Wohnbunkern versehenes Stollensystem noch einmal tief unter Felsgestein wiederholt werden. Da inzwischen etwa 70 % der deutschen Bauarbeiter eingezogen worden waren, wurden diese durch ausländische, meist italienische Arbeiter abgelöst.

Hinzu kam eine **Stollenbaukompanie** der Waffen-SS. Mit ihrer Hilfe sollten in 8 Wochen 130 Meter Stollengänge und die dazu gehörigen Kavernen in den Fels getrieben und bezugsfertig ausgestattet werden. Erschwerend kamen die geäußerten Sonderwünsche, Klimaanlage, Edelholzverkleidungen der Wände und auch sonst erstklassige Ausstattung hinzu. Die Männer der Stollenbaukompanie arbeiteten hierbei als Mineure. Sie trieben die Gänge in den Fels und wurden nur innerhalb des Führergebietes eingesetzt. Planung und Durchführung dieses Einsatzes lagen ausschließlich in den Händen von Bormanns Architekten, Ingenieuren und Baufirmen.

Mir unterstanden diese Männer nur disziplinarisch. Demnach verantwortete ich nur deren Unterbringung und Verpflegung wie auch den sogenannten Innendienst (Stuben- und Spindordnung, Ausgehordnung usw.). Für militärische Ausbildung blieb den Stollenbaumännern keine Zeit. Ihre Gewehre blieben meist im Spind stehen.

Zunächst war ein Stollensystem für Hitler unter dem Berghof vorgesehen. Dort mußten unterirdische Räume entstehen, die ihm zum Arbeiten, Wohnen und Schlafen dienen konnten.

Hinzu kamen Gästeräume, Adjutantenräume und solche für Eva Braun. Ein weiteres Stollensystem wurde für Bormann gebaut. Hier entstanden Räume für seine Familie mit daran angeschlossenen Räumen für die Verwaltung und Aktenablage. Ein weiteres System diente Göring, der aber schon im Jahre 1941 einen kleinen Luftschutzbunker mit 3 m dicken Wänden für sein Haus gebaut hatte, das nun erweitert und verbessert wurde.

Die Ausfütterung der ausgebrochenen Stollen war äusserst sorgfältig durchdacht. An die Felswand wurde eine 30 bis 60 cm starke Betonschale anbetoniert. Auf diese wurde ein Zementputz aufgebracht, der Träger einer Isolierung war, die nach neuartigem Verfahren entweder aus einer Art Dachpappe oder künstlichen Gummibahnen bestand. Vor diese Isolierung kam dann eine 25 cm starke Mauer, die dann also das Innere der Gänge und der Kammern bildete. Durch Sickersteine im Betonmantel wurde das andrängende Wasser abgeleitet, der Kanalisation zugeleitet und ins Freie geführt.

Die Eingänge erhielten eine besonders starke Eisenarmierung mitSicherheitsmaßnahmen gegen Bombentreffer und Einsturz.

Oben: Ein vom Wachdienst abgelöster Zug (ca. 30 Mann) der Wachkompanie rückt vom Wachlokal im Hause Türken ab.

Unten: Dieser Wachzug trifft wieder auf dem Kasernenhof ein.

Wachposten vor dem Haus Türken im Winter.
Originalzeichnung des Autors.

Kasernengebäude

fiziersmesse, Kantine, Verwaltung
Garage
Turnhalle

Das Prinzip bei der Stollenanlage war im Allgemeinen folgendes: Ein gerader Gang oder eine Treppe führten vom Eingang weg, bis die genügende Überdeckung von ca. 40 bis 50 m gegeben war, dann kam der Prellbock zur Abfangung von Luftstößen bei Bombenexplosionen, dahinter Gasschleusen, von denen aus die Gänge weiterführten, an denen rechts und links die verschiedenen Kammern lagen. Der größte Teil der Gänge enthielt noch einen Unterstollen, in dem die gesamten technischen Leitungen, wie Lüftung und Belüftung, Beleuchtung, Wasser, Kabel, Entwässerung und Warmluftheizung untergebracht waren.
In den Prellböcken wurden nach allen Richtungen Kammern eingebaut, die zur Aufnahme von Maschinengewehrnestern vorgesehen waren. Der Fels war wechselnd, teilweise sehr standfest und gut, aber z.B. gerade bei Hitlers Stollen auch sehr brüchig und von Lehmadern durchzogen, sodaß jede ausgeschossene Strecke sofort mit kräftigen Hölzern verbolzt und ausgebaut werden mußte.
Der Ausbau verschwand beim Ausbetonieren wieder. Bei dem Tempo und der Hast waren oft gefährliche Momente und schwierige Situationen zu überstehen.

Weitere Stollen für die Belegschaft in den Barackenlagern, für die Angestellten und Arbeiter der Verwaltung, für die Bewohner der Siedlungen, für die Gefolgschaft des Gutshofes (einschließlich der Tiere) wurden ebenfalls in Angriff genommen.
An erster Stelle stand natürlich der Berghof-Stollen, dem alles andere untergeordnet war. Ein bestimmter Abschnitt mußte unbedingt bis zum 24. Dezember 1943 fertiggestellt sein, da mit Hitlers Besuch um diese Zeit gerechnet wurde. Durch die Schwierigkeiten, die der schlechte Fels verursachte, zögerte sich der Termin, zu dem man mit dem Ausbau beginnen konnte, so lange hinaus, daß für diese Arbeiten nur mehr 8 Wochen blieben. In unvorstellbarer Hetze und unter Einschaltung aller Hilfsmittel und organisatorischer Kunst wurde der Endtermin gehalten.
Allerdings standen in dem engen Stollengang alle Meter ein Maurer, der den Bogen einwölbte und zwischen den

Mannschaftsspeisesaal (Kantine).

Beinen dieser Maurer krochen in endloser Kette die Hilfsarbeiter auf allen Vieren, um Mörtel und Steine herbeizuschaffen, dazwischen in drangvoller Enge die Installateure, Schreiner, Isolierer, Elektroarbeiter, Telefonleger. Es handelte sich immerhin um ca. 130 m Stollenlänge, die, angefangen von der ersten Mischung Beton bis zum Polieren des Parkettfußbodens und dem Abstauben des Telefons in dieser Zeit fix und fertig einschließlich aller Vertäfelung und Möbel zu erstellen waren.
Oft wurde mit dem Minieren begonnen, ohne daß endgültige Fertigungspläne vorlagen. Dadurch entstanden zusätzliche Schwierigkeiten.

So sah der ursprüngliche Plan einfache Luftschutzstollen für den Aufenthalt von einigen Stunden mit der genügenden Sicherheit für Leben und wichtige Werte vor. Dann mischte sich während schon mit den Bauarbeiten begonnen wurde, z.B. der Sicherheitsdienst ein und verlangte Maschinengewehrnester. Dann kamen die Architekten und konnten aus künstlerischen Gründen auf Marmor, Edelholz, Vertäfelungen, Klimaanlage, Teppiche, WC, Ankleidekabinette usw. nicht verzichten. Dann kam Bormann und wollte die Sache zu einem Hauptquartier erweitern. Dann wollte Göring auch einen Stollen haben und sein Stollensystem mußte mit einbezogen werden. War es einbezogen, dann weigerte sich wieder Bormann seinen Abschnitt mit dem Görings zusammenschließen zu lassen. So blieb tatsächlich eine Strecke von ca. 10 m nicht ausgebrochen zwischen beiden liegen. Infolge der Änderungen reichten die vorgesehenen Lüftungsmaschinen wieder nicht mehr, wurden umgebaut, benötigten mehr Platz und verursachten neuen Ausbruch.

War alles fertig, dann fiel irgendjemandem ein, man habe eine Kammer vergessen und das Brechen ging von vorne los. Dann kamen die verschiedenen Hausmeister und brauchten Abstellräume, dann kam der Leibarzt. Er erhielt Gasschleusen, Entgiftungskammern, Operationsräume. Dann meldete sich der Hundewart und brauchte einen eigenen Raum für den Wolfshund. Dann kamen die Telefonleute. Es mußte nachgebrochen werden, weil sie mit den Kabelquerschnitten nicht auskamen. Dann erschien Eva Braun und mußte Bäder haben. Dann kamen die Köche. Es wurden komplette Küchen einschließlich Kühlanlagen eingebaut. Dann mußten eigene Kammern erstellt werden für Bilder, für Schallplatten und für Bibliotheken. Für Bormann wurde ein eigenes Luftschutz-Speisezimmer gebaut. Er bekam eigene Teppiche. Nachträglich wurde auch der Bau einer unterirdischen Führer-Flug-Meldezentrale befohlen. Sie hatte keine unterirdische Verbindung zu dem übrigen Stollensystem.
Die dazugehörigen Kammern erhielten einen eigenen Schacht bis an die Erdoberfläche mit den kompliziertesten Sicherungen. Dann wurden noch Notstromanlagen eingebaut, die aber bei dem Bombenangriff des 25. April 1945 infolge Luftmangels ausfielen.
In den anderthalb Jahren ihrer Bauzeit haben die Stollen eine Gesamtlänge von insgesamt 5000 m erreicht. Davon waren vollkommen ausgebaut etwa 2000 m und weitere 1000 m ausbetoniert. Der Rest war ausgebrochen und, wo notwendig, abgestützt, und konnte somit zu Schutzzwecken ohne weiteres benützt werden, wenn auch der stundenlange Aufenthalt in ihm wegen der Kälte und Feuchtigkeit nicht angenehm war.
Hitler hat die Luftschutzstollen bzw. den Abschnitt, der für ihn zu Weihnachten 1943 hergerichtet war, auch inso-

fern benützt, als er bei den Alarmen dafür Sorge trug, daß die Bewohner des Berghofes und seine Gäste rechtzeitig und vollzählig in den Stollen gingen.
Nachdem er sich hiervon überzeugt hatte, zog er es meistens vor, entweder vor dem Eingang oder in seinem Berghof-Arbeitszimmer weiterzuarbeiten.
Zum Schluß des Jahres 1944 war mit den Luftschutzbauten etwa folgender Stand erreicht: Für die Zivilbevölkerung, die Arbeiter, und Kinder in den Kinderheimen waren Stollen fertig ausgebrochen und teilweise auch ausgebaut, die einen sicheren Schutz gegen Bomben boten. Für Hitler, Bormann und Göring waren komfortable Wohnungen unter der Erde fertiggestellt worden, vollkommen eingerichtet mit allem Drum und Dran. Die fertiggestellten Stollen wurden übergeben.
Man fragte sich: Wozu dies Alles?
Wird es notwendig sein, wochenlang unter der Erde leben zu müssen und zu welchem Zeitpunkt?

Oder was sonst haben diese Vorkehrungen für einen Zweck? Im Verlauf des Sommers 1944 sind in Berchtesgaden und Umgebung und auf dem Obersalzberg weitere Vorbereitungen begonnen worden, um das Führerhauptquartier unterirdisch aufzunehmen. In Berchtesgadens Umgebung entstanden hierfür Baracken-Siedlungen; ein großer Bunker wurde im Hof der Jägerkaserne begonnen, dessen Bauzeit mindestens auf ein Jahr geschätzt wurde. Von allen Seiten wurden Nachrichtenkabel jeder Stärke herangeführt und in den Stollen auf dem Obersalzberg wurden immer neue Einbauten vorgesehen, um die Technik des unterirdischen Führerhauptquartier zu verbessern.

Die **Führerfahrkolonne** hatte durchschnittliche eine Mannschaftsstärke von 200 Mann, die mir ebenfalls nur disziplinarisch unterstanden. Die Diensteinteilung lag in den Händen von Bormanns Verwaltung im Einvernehmen mit den Anforderungen der Führeradjutantur.
Ich meldete etwa alle 4 Wochen die Stärke des SS-Kommandos Obersalzberg an das SS-Führungshauptamt in Berlin.

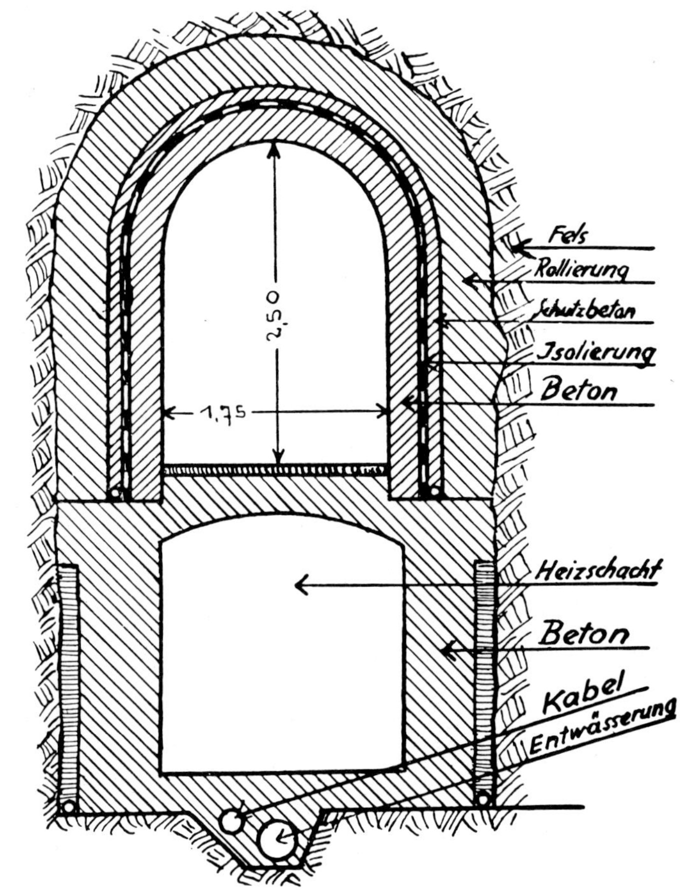

Hauptstollenaufbau

Am 17. April 1944 sah diese Meldung wie folgt aus:

	Soll	Ist
Führer	49	30
Unterführer	322	260
Mannschaften	1865	1621
Gesamtstärke	2236	1911

Die Zahlen entnahm ich der Zeitschrift »Der Freiwillige« April 1975. Nach meiner Erinnerung stimmen sie mit dem überein, was ich damals in regelmäßigen Zeitabschnitten unterschrieb.

Stollen mit schwerer Abstützung (Verbolzung)

Der Obersalzberg war von Hitler als Ruhe- und Erholungssitz bestimmt worden. Das blieb er streng genommen bis zum Kriegsende. Es gibt Veröffentlichungen, in welche von der »Festung Obersalzberg« die Rede ist. Tatsächlich kursierte die Legende von der »Festung« schon gegen Ende des Krieges. Sie wurden gerne von Parteiführern kolportiert, teils, um eine militärische Kraftreserve vorzutäuschen, die es in Wirklichkeit nicht gab, teils, wie mit Sicherheit bei Bormann, aus militärischer Ignoranz.

Diese Legende wurde aber vom Feind ernst genommen. Der Bombenangriff auf den Obersalzberg vom 25. April 1945 – wie auch die militärische Planung der Amerikaner und Franzosen in der letzten Kriegsphase – beweisen es (Vorstoß über München, Traunstein, Bad Reichenhall, Obersalzberg und die Einnahme des Berghofes am 4. Mai 1945 durch die Franzosen).

Vielleicht war Bormann dem gedanklichen Kurzschluß erlegen, daß seine gigantischen Stollenbauten Festungswert besäßen. Sie schützen aber nur vor Luftangriffen. Für den Erdeinsatz waren sie ungeeignet, da sie einem Verteidiger weder Schutz noch Schußfeld geboten hätten.

Obersalzberg und Berchtesgaden, man kann beide Plätze militärisch nicht getrennt betrachten, stellten einem Angreifer keine befestigten Hindernisse entgegen. Es gab keine Festungsbauwerke, die eine längere Verteidigung erlaubt hätten. Es gab keine gepanzerten Geschütz- oder MG-Stände. Es gab nicht einmal provisorisch ausgehobene Schützengräben. Obersalzberg und Berchtesgaden waren militärisch gesehen eine »offene Stadt«.

Das beweist auch die Bewaffnung und Gliederung meiner Verbände. Nur zwei schwere Batterien standen im Tal; eine in Schönau und eine an der Ache unweit des Ortskernes von Berchtesgaden. Alle anderen Batterien waren in schwierigen Transporten auf Bergspitzen oder Anhöhen verlastet worden, um gegen angreifende Flugzeuge ein gutes Schußfeld zu gewinnen. Dieser Einsatz in schwer zugänglichen Höhenlagen machte nicht nur unbeweglich. Er erschwerte auch die Versorgung. Es wurden deshalb Seilbahnen gebaut; eine Rundlaufbahn zum Roßfeld und je eine Materialseilbahn zur Kneifel- und zur Grünsteinpitze. Selbstfahrlafetten besaßen wir nicht, da nur ortsfester Einsatz vorgesehen war, der im übrigen für die Flugabwehr auch günstigere Voraussetzung bietet.

Für die Feuerunterstützung infanteristischen Einsatzes hätte ich im Notfall über zwei schwere Batterien verfügen

Fertiger Stollen

können, die aber über keine Zugmaschinen verfügten und somit unbeweglich waren.
Blieben für die Verteidigung im Erdeinsatz nur die Wachkompanie, die Stollenbaukompanie und die Führerfahrkolonne. Hier fehlte es aber fast völlig an Maschinenwaffen.
Im Einsatz gegen modern ausgerüstete feindliche Verbände gibt es mit Gewehren keine Chance.

Dieser Sachlage bewußt übernahm ich meine Aufgabe. Aus zwei Gründen verzichtete ich darauf, die Möglichkeit einer »Festungs-Verteidigung« vorzuschlagen oder einzuplanen.

1. Die Erwägung der Möglichkeit feindlichen Vordringens bis an die Marktgrenze von Berchtesgaden hätte mich bis kurz vor Kriegsende, als das Unaussprechbare Wirk-

Schießscharten im Stollensystem

lichkeit wurde, dem Verdacht des Defaitismus ausgesetzt.
2. Selbst wenn man diese Hemmschwelle der psychologischen Kriegsführung außer Acht ließ, so blieb immer noch die viel gewichtigere Überlegung, welchen Sinn es während des 2. Weltkrieges gehabt haben sollte, Berchtesgaden-Obersalzberg in eine Festung zu verwandeln. Wenn der Amerikaner oder Russe Berchtesgaden erreichen und einschließen sollte, welches Hinterland hätte es da noch zur verteidigen gegeben?
Die dann zu erwartende Luftüberlegenheit des Gegners hätte ohnehin jede Verteidigung sinnlos gemacht.
Auch der Gedanke, daß die Reichsregierung sich als Abschluß unaufhörlicher »planmäßiger« Rückzüge auf die »Festung« Berchtesgaden-Obersalzberg zurückziehen könnte, wirkte wenig überzeugend. Was wäre gewonnen worden? Vielleicht zwei Tage längeres Überleben für die Reichsregierung? Dafür sollte eine traditionsreiche Stadt mit einem Großteil ihrer Bevölkerung geopfert werden?
Vor allem aus diesem Grunde konnte und durfte es keine Festung Obersalzberg geben.

Meine Aufgabe mußte sich deshalb auf den Schutz des mir zugewiesenen Gebietes vor Luftangriffen sowie auf die Bewachungsaufgabe Obersalzberg beschränken.
Es muß noch hinzugefügt werden, daß im Sommer 1944, nach Abzug des Führerhauptquartieres, die Bedienungsmannschaften der Flakeinheiten für den Einsatz an der Front abgezogen wurden.
Praktisch mußten nun die hierfür einrückenden Männer des Reichsarbeitsdienstes (RAD) den größten Teil der militärischen Aufgabe erfüllen.
Nur das unentbehrliche Gerüst an Führern- und Unterführern der Waffen-SS blieb, um die neue Flakbedienung zu schulen und zu führen. Bis auf die Wachkompanie war damit der Obersalzberg von Waffen-SS entblößt worden; die militärisch unzureichend geschulte und bewaffnete Stollenbaukompanie und die »Führer-Fahrkolonne« nicht mitgerechnet.
Selbst die Wachkompanie mußte ihre tüchtigsten Offiziere, Unteroffiziere und Mannschaften zur Frontverwendung abgeben und tauschte hierfür nur bedingt tauglichen Ersatz ein.
Die Nebelabteilung bildete hierbei keine Ausnahme.
Von Februar 1945 an lösten SS-Maiden die SS-Männer an den Nebelgeräten ab.
Die »Festung Obersalzberg« war also nicht nur wegen des Mangels an Festungsbauwerken, an hierfür geeigneter Bewaffnung und Versorgung, sondern auch wegen des Mangels an geeigneter Besatzung eine Illusion.

ERFAHRUNGEN MIT DER FÜHRUNGSSPITZE DES 3. REICHES AM OBERSALZBERG

Die großartige Gebirgslandschaft des Berchtesgadener Landes mit ihrer noch unberührten Natur, die Marktgemeinde Berchtesgaden mit ihrem nahezu unversehrten mittelalterlichen Ortskern, die bodenständig gebliebene Bevölkerung mit ihrem schönen Brauchtum hatten Hitler beeindruckt.
Schon 1927 erwarb er das Haus Wachenfeld, welches er nach der Machtergreifung mehrfach umbaute, bis daraus der weltberühmte »Berghof« wurde.
Photos der großen Freitreppe, des Vorraumes mit seinen wuchtigen Marmorsäulen, der Halle mit dem versenkbaren riesigen Fenster, das den Blick zum Untersberg freigab, wurden von den Bildreportern dieser Zeit über die ganze Welt verbreitet. Den etwa 30 Räumen des Berghofes stand ein Hausmeisterehepaar vor, das mit Hilfe einer stattlichen Schar von Köchen, Kellnern und Zimmermädchen das Haus bewirtschaftete. Ich machte mich dort bald nach meinem Eintreffen bekannt. Bei dieser Gelegenheit ließ ich mir auch die Adjutantur Hitlers zeigen.
Dieser schmale, langgestreckte Gebäudeteil lag auf der Westseite der Berghofterrasse. Dort wohnten und arbeiteten meist in ebenerdig liegenden Wohnteilen die Adjutanten Hitlers, der des Heeres, der Luftwaffe, der Marine, der Waffen-SS u.a.m. Mit der Regierungsübernahme war aus dem Landsitz Hitlers ein Machtzentrum entstanden. So kam es, daß sich seine wichtigsten Mitarbeiter ebenfalls in der Nähe ansiedelten.
Das ging nach Rangfolge. Schon vor 1933 errichtete Göring auf dem Gelände über dem Berghof ein bescheidenes Haus. Später wurde daraus das Landhaus Göring. In rustikalem Stile erbaut, mit erlesenen Baumaterialien ausgestattet und kostbar möbliert, gab es dennoch

Seite 54 oben: Gebirgslandschaft von Berchtesgaden.
Seite 54 unten: Das frühere Haus Wachenfeld, aus dem später in mehreren Umbauabschnitten der »Berghof« entstand.

Der Berghof; Originalzeichnung des Autors.

einen deutlichen Abstand zum benachbarten Berghof. Göring hütete sich davor, Größe und repräsentative Ausstattung des Berghofes zu übertrumpfen. Wesentlich zielstrebiger verschaffte Bormann sich Einlaß auf dem Obersalzberg, wohl wissend, daß er sich damit die Hintertür zur eigenen Hausmacht öffnete.

Nachdem ihm Rudolf Hess mit seinem England-Flug den Platz als Parteisekretär freigemacht hatte, setzte er sich mit seinem deutlich prunkvoller und größer gestalteten Landhaus zwischen Berghof und das hinter dem sogenannten Göring-Hügel fast verschwindende Landhaus Göring.

Oben:
Haus Bormann; Originalzeichnung des Autors.
Unten: Luftbild des Landhauses Göring.

Rudolf Heß; rechts Rüstungsminister Albert Speer.

Damit war Görings Grundstück in den zweiten Rang verwiesen und, wie es sich später erweisen sollte, vom Zentrum der Macht abgedrängt. Es dürfte kein Zufall sein, daß Görings Grundstück zwar unmittelbar an dasjenige Bormanns angrenzte, es jedoch keinen Zugang vom einen zum anderen gab. Später, als der Stollenbau auch für diese beiden Häuser einsetzte, gab es keine unterirdische Verbindung vom Luftschutzbunker Görings zu dem Bormanns, wohl aber einen solchen vom Berghofstollen mit seinen unterirdischen Führerkavernen zum Luftschutzstollen des Hauses Bormann.
In diesem Zusammenhang muß auch erwähnt werden, daß die beiden Landhäuser Göring und Bormann die Tagseite voreinander bargen. Bormanns Haus, wie konnte es anders sein, blickte hinab zum Berghof; Görings Landhaus hingegen schaute hinauf zum Kehlstein. Haus Bormann also, höher und freier als der Berghof auf einem Hügel gelegen, lag fast in Rufweite zu diesem.
Es saß gleichsam wie ein Wächter über dem mit Posten besetzten Eingangstor zum Berghof.

Bei meinen ersten Gesprächen mit Kennern der Verhältnisse am »Berg« erfuhr ich, Frau Bormann, Mutter von elf Kindern, sei ein Engel. Er jedoch, der »Herrgott vom Obersalzberg« täte nur so, als ob neben seiner unstillbaren Machtgier noch ein Gefühl für ihre mütterliche Hingabe Platz hätte. Dieses kostbar eingerichtete Haus kennt keine Gastlichkeit, es sei denn eine von ihr insgeheim geübte. Wem der Hausherr die Tür öffne, der diene einem Zweck, so hieß es.
Ich habe das Landhaus Bormann später nur einmal von innen gesehen.
Noch einem dritten Mitarbeiter Hitlers gelang es, am Obersalzberg festen Fuß zu fassen und damit in den engsten Zirkel der Macht zu gelangen. Das war der Steilaufsteiger des 2. Weltkrieges, Rüstungsminister Speer. Nach dem Tode seines Vorgängers Todt, den dieser 1942 bei einem Flugzeugunfall fand, gelang ihm der Einstieg.
Allerdings blieb ihm das »Führergebiet« versperrt.
Er ließ sich etwa an der untersten Stelle des erweiterten Führergebietes nieder, nahe an der Zufahrtstraße Ober-

salzberg, die man von Berchtesgaden kommend in streckenweise extrem steiler Bergfahrt zu überwinden hat. Dieser Landsitz – eine umgebaute Villa mit Atelier – wurde also in der Phase des Krieges erbaut, als schon die ersten Krisen schwelten.
In diesem Zusammenhang muß noch das Gästehaus »Bechstein«, zwischen Berghof und Gutshof gelegen, erwähnt werden.
Es diente prominenten Gästen als Unterkunft und beherbergte einmal Goebbels, als er von Hitler Hausarrest bekam. Dieser wurde erst beendet, als seine damalige Ehekrise beigelegt worden war.
Alle weiteren Gebäude des Obersalzberges unterstanden der Verwaltung Bormanns.
Dazu gehörte z.B. das »Haus Türken«, ein früheres Hotel gleichen Namens. Es lag in unmittelbarer Nachbarschaft des Berghofes und diente zu einem Teil dem Reichssicherheitsdienst (RSD) als Unterkunft.
Im Erdgeschoß links vom Eingang befanden sich Aufenthalts- und Ruheräume der Wachkompanie. In die kriminalpolizeiliche Aufgabe des RSD hatte ich keinen Einblick.
Dazu gehörte auch der Platterhof, ursprünglich ein uriger Gasthof, in den 30-iger Jahren zu einem Hotelkomplex in klassischem Stil umgebaut. Während des Krieges diente er als Genesungsheim für Kriegsverwundete, aber auch als Gästehaus des Berghofes. Die komfortable und vornehme Ausstattung des Neubaus, aber auch dessen beachtliche Ausmaße, erinnerten nicht mehr an den vormaligen kleinen Gasthof gleichen Namens.

Wenn bei der Schilderung der Bauten des Obersalzberges hier und da deren komfortable Ausstattung erwähnt wird, so muß dies aus der Sicht des Jahres 1944 gesehen werden. Gemessen an der Innenausstattung heutiger vergleichbarer Gebäude lebte man damals auch auf dem Obersalzberg etwas bescheidener.
Da gab es das Gästehaus »Hoher Göll« mit der dort untergebrachten Parteikanzlei. Auch hier wurden Gäste des Berghofes untergebracht und hier wohnte auch die Beschließerin aller Gästehäuser des Obersalzberges, eine sehr beliebte und kluge Verwalterin ihres Amtes.

Oben: Der Platterhof; im Hintergrund Blick auf den Ostteil des Untersberges.

Unten: Die Zirbelstube im unteren Geschoßteil des Platterhofes. Die Wände und Decken waren mit Zirbelbrettern vertäfelt, sodaß ein Eindruck behaglicher Gastlichkeit entstand.

Blick aus einem Fenster des Hauses Bormann auf den Berghof mit dem Haus Türken. Man sieht, mit einem Blick überschaute er (Bormann) die »Lage«.

Seite 60 und 61:
Das Kehlsteinhaus.

Da gab es den Gutshof. Dieses große landwirtschaftliche Unternehmen wurde von einem tüchtigen Landwirt zusammen mit seiner Frau geleitet. Seine Pferdekoppel war berühmt. Er züchtete Haflinger. Mit der Wirtschaftlichkeit seines Unternehmens war es zuerst allerdings nicht zum Besten bestellt. Viele Sonderwünsche Bormanns, z.B. Pilzzucht, Mosterei u.s.w. ließen keine exakte Kostennutzenberechnung zu.
Da gab es das »Kehlsteinhaus«. Es thronte, 800 m hoch über dem Obersalzberg. Das gesamte Kehlsteingebiet war umzäunt und durfte nur mit Sondergenehmigung Bormanns betreten werden.
Die Angehörigen der Verwaltung Obersalzberg unterstanden ebenfalls Bormann direkt. Sie wohnten in den nahegelegenen Siedlungen Klaushöhe und Buchenhöhe.
Um Hitlers Berghof war in 1000 m Höhe eine kleine Stadt entstanden, die Befehlszentrale des Staatsoberhauptes, wenn Hitler hier residierte.
Ich ließ mich in die Grenzen der Sperrbereiche einweisen. Der innere Bereich, das sogenannte »Führergebiet«, wurde von Männern der Wachkompanie bewacht, während an den Zugängen zum äußeren Bereich Zivilposten standen.
Die Darlegung der damaligen Eigentumsverhältnisse am »Berg« zeigt, daß Bormanns Grundstück fast an das seines Führers grenzte. Aber damit nicht genug. Alle übrigen Gebäude, Siedlungen, Gästehäuser, vom Kehlstein bis zum Gutshof, von der Siedlung Klaushöhe bis zu den in der Nähe liegenden Barackenunterkünften unterstanden seiner Dienstaufsicht. Meine häufigen Verhandlungen mit den Verwaltungsführern Bormanns belehrten mich sehr bald, daß seine Einflußnahme in dem genannten Bereich bis ins letzte Detail ging.
Für das Grundstück Görings standen Bormann keine Verwaltungsbefugnisse zu, obgleich er es an Versuchen, solche wahrzunehmen, nicht fehlen ließ. Göring erwehrte sich dessen, so gut er konnte. Er besaß noch alte Rechte. Noch immer war er der designierte Nachfolger Hitlers gemäß dem Nachfolgegesetz vom 21. 6. 1941, wenn auch sein Stern im Laufe des fortschreitenden Krieges an Glanz verlor.

Das Landhaus Speer schließlich, verhältnismäßig weit ab vom Berghof gelegen, bildete die andere Ausnahme. Auch in diesem Grundstücksbereich hielt sich die Einflußnahme Bormanns in Grenzen.
In diesem Zusammenhang sei noch das sogenannte Modellhaus erwähnt. Es stand oberhalb des »Türken«. In ihm wurden Baumodelle zur Besichtigung ausgestellt. Hier befand sich auch ein Kindergarten sowie ein Archiv für Filme. Im Berghof wie auch im Landhaus Göring wurde bei Abwesenheit der Besitzer allabendlich ein Film vorgeführt. Außerdem gab es für den Platterhof eine Großgarage mit Wohnungen für das Hotelpersonal.
Am »Berg« präsent waren, allerdings mit deutlicher Dominanz Bormanns, er selbst, Göring und Speer.
Erst viel später sollte ich erkennen, daß die Besitzverhältnisse eine weitreichende Bedeutung hatten. Sie stimmten in etwa mit der Machtstruktur im dritten Reich während der beiden letzten Kriegsjahre überein:
Nichts ging ohne Bormann. Ohne ihn hatten auch höchste Parteiführer keinen Zutritt zu Hitler.
Bormann nützte die durch den Krieg bedingten besonderen Umstände für seine Zwecke aus. Denn tatsächlich hatte er von Hitler den Auftrag, ihm alle unnötigen Besuche, Anfragen, Anträge usw. rigoros vom Leib zu halten, damit Hitler sich auf die Aufgaben der Kriegsführung konzentrieren konnte. Der alte Besitzstand Görings wurde von Bormann zwar eifrig unterminiert, aber erst zum Schluß des Krieges offen angegriffen.
Speer, der dritte im Bunde, hatte zwar in kürzester Zeit Machtbefugnisse errungen, die weit über die vergleichbarer Minister hinausragten. Aber eine ernstliche Gefährdung der Machtstellung Bormanns war von hier aus nicht zu befürchten. Zur Erhaltung seiner Macht hatte Bormann auf dem Obersalzberg einen Zustand geschaffen, den man als exterritorial bezeichnen kann. Es gab keine normale Polizeigewalt. Sie wurde durch den RSD ausgeübt. Der Verwaltungsführer Bormanns hatte praktisch die Befugnisse eines Landrates.
Das in zwei Sperrkreise eingeteilte Gebiet konnte nur mit Ausweisen und nach strenger Kontrolle betreten werden. Bormann hatte den Posten die Losung ausgegeben: »Eine Ministeruniform ist kein Ausweis«.

Diese wiederum stellte Bormann aus. Der Zugang zu Hitler bedurfte demnach seiner Unterschrift. Nicht nur dies. Bormann bestimmte den Lebenstil auf dem Obersalzberg. Von ihm stammten die Verkehrsvorschriften bis zur Gestaltung jedes nebensächlichen Details, der Einsatz der Wagenkolonnen Hitlers, die Entscheidung über die Einstellung von Hotelpersonal, der Küchenzettel des Platterhofes wie auch der Kaserne, die Bevorratung sämtlicher Häuser.
Alle diese kleinen Verwaltungsvorgänge bedurften seiner Unterschrift, oder seiner Verwaltung.
Die Partei hatte auf dem Obersalzberg nichts zu sagen. Es gab keine Ortsgruppenleiter und der zuständige Kreisleiter in Berchtesgaden hatte auf dem Obersalzberg keinerlei Befugnisse. Es gab weder allgemeine SS oder SA noch uniformierte Aufmärsche. Die deutsche Arbeitsfront (DAF) war hier oben verpönt. Verwaltungsangehörige des Obersalzberges durften nicht deren Mitglieder sein. Als Kommandant des Obersalzberges nahm ich eine Sonderstellung ein. Mein direkter Vorgesetzter war Adolf Hitler.
Während meiner 1 1/2-jährigen Tätigkeit am Obersalzberg sah ich ihn aber nur zweimal für jeweils wenige Minuten. Öfters verhandelte ich mit seinen Adjutanten, meistens mit dem Luftwaffenadjutanten Oberst von Below. Er war für Flakfragen der zuständige Mann. Dem Kommandostab RFSS unterstand ich disziplinarisch, das heißt, daß meine Personalakte dort lag, von dort Versetzungen, Beförderungen oder Bestrafungen ausgesprochen werden konnten, aber keine Einsatzbefehle, es sei denn, allgemein gehaltene Empfehlungen.
Die nahm ich auch vom Flakbereichskommando, also einer Dienststelle der Luftwaffe, entgegen. Weder Bormann, als Herr des Obersalzberges, noch Himmler oder Göring redeten mir in meinen Befehlsbereich hinein. Sie alle sahen in mir den Mann Hitlers oder zumindest den Mann des anderen.
Das hatte den Vorteil einer gewissen Unabhängigkeit, aber den Nachteil, daß ich im Falle eines Mißlingens alle gegen mich haben mußte.
Diese Sonderstellung entzog mich den Einwirkungsmöglichkeiten anderer Führungsorgane, was es mir er-

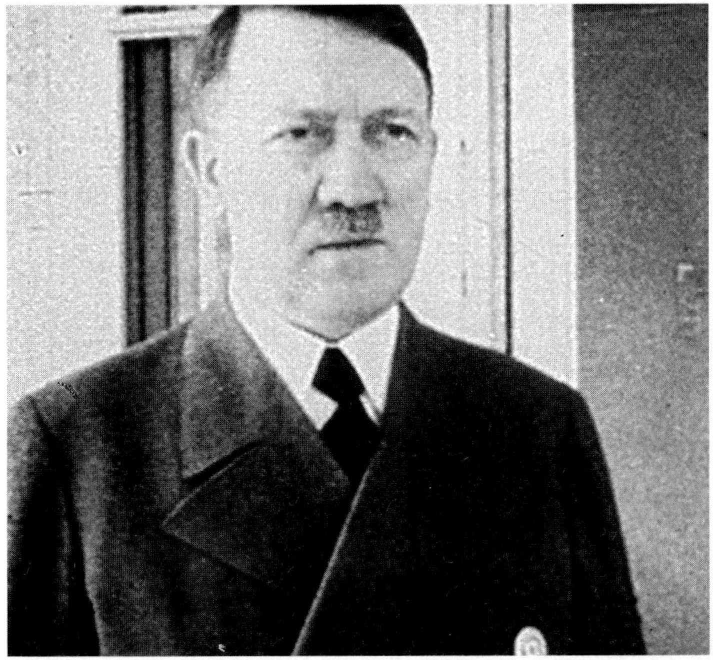

leichterte, in den letzten Kriegstagen selbständige Entscheidungen zu treffen und auch durchzusetzen. Anfangs durchschaute ich diese Zusammenhänge noch nicht. Ich übte mich deshalb im Zuhören. Das Hauptthema hieß nicht Adolf Hitler. Von ihm redete man nicht am Berg. Was er tat und wie er es tat entzog sich unserer Kritik. Es kam von ihm als obersten Befehlshaber und einer Übersicht, die uns unzugänglich war.
Wenn wir über Mißstände sprachen oder gar schimpften, so gewiß nicht zu Lasten Hitlers.
Seine Ratgeber trugen die Schuld; unter ihnen wiederum sein mächtigster, nämlich Bormann.
Mit Ausnahme der täglichen militärischen Lagebesprechung war er ständig in Hitlers Nähe, las ihm jeden Wunsch von den Augen ab und ersann noch einige dazu. Hierüber wurden viele Anekdoten erzählt.

Eine davon habe ich in meiner Erinnerung behalten: Hitler besichtigte eines Tages eine Wiese im Obersalzbergreich. Er lobte die schöne Aussicht, welche sich an einer bestimmten Stelle darbot; bedauerte aber auch, daß ein Bergbauernhof, der an dieser Stelle stand, den freien Blick etwas verstellte. Bormann veranlaßte noch am gleichen Abend den Kauf dieses Hauses. In derselben Nacht wurde es abgerissen und planiert. Die entstandene Wunde im Erdreich wurde durch ausgestochene Rasensodenstücke überdeckt. Die Illusion unberührter Natur war komplett.
Hitler honorierte diese Art von »Huldigung«, wenn auch manchmal brummend, dadurch, daß er Bormann die Regelung aller kleiner Selbstverständlichkeiten des täglichen Lebens überließ. So gelang es dem servilen Sekretär, daß er schließlich zum unentbehrlichen Herrn und Meister aufstieg. Was Bormann nach oben dienerte, glich er nach unten durch Treten aus. Die Spielregel des Obersalzberges, so wurde mir recht unverhohlen nahegelegt, hieß demnach, kein Windhauch geht auf dem Obersalzberg, ohne daß dieser von Bormann genehmigt wurde. Er würde, für mich unsichtbar jedoch stets gegenwärtig, meine Maßnahmen bis in die kleinsten Details, und sei es nur der Speiseplan meiner Männer, überwachen, für gut heißen, oder ....
Wer bei ihm in Ungnade fiele, dürfe nicht mit einer normalen Versetzung zu einer anderen Verwendung rechnen.
Von den Baufirmen, Architekten oder Ingenieuren wurde mir Bormann als eine rastlose, unruhige, energiegeladene Natur geschildert, die mit einer unglaublichen Arbeitskraft ausgestattet war. Tag und Nacht war er auf den Beinen und forderte von seinen Mitarbeitern stets mehr, als diese zu leisten vermochten. Seine Wut- und Zornausbrüche wurden gefürchtet.
Da er sich in der Arbeitsweise Hitler anpaßte und deshalb seine Entscheidungen oft in der Nacht fällte, liebte er es, auch zu später Stunde anzurufen, sodaß er auf dem »Berg« allgegenwärtig erscheinen mußte.
Hierzu paßt, daß Bormann den Lärm arbeitender Preßlufthämmer, das Rattern schaufelnder Bagger, das Kreischen der Maschinen und den Donner von Sprengungen

gerne hörte. Setzte dieser Lärm aus, er war meist bis in sein Haus zu vernehmen, so wurde er unruhig, riß das Fenster auf, um die Ursache der unerhörten Arbeitsunterbrechung kennenzulernen und so schnell wie möglich wieder abzustellen.
Überhaupt wurden sein Haus von den in der Nähe Arbeitenden, aber auch von meinen Wachsoldaten, ständig beobachtet.
Es gab gewisse Anzeichen für Bormanns Anwesenheit und Stimmung. Hingen seine Kleidungsstücke zum Lüften auf dem Balkon, so war erhöhte Aufmerksamkeit geboten. Er war anwesend und konnte jeden Augenblick das Haus verlassen, um einen Säumigen zu suchen und zu bestrafen.

Die Blickverbindung zum Haus Bormann durfte deshalb nie abreißen. Die Wachkompanie besaß für ihre Berghofposten einen Ruheraum im Parterre des Hauses »Türken«. Dessen Fenster boten hierfür beste Voraussetzungen. Man konnte das Haus Bormann sehen ohne selbst gesehen zu werden. An dieser Stelle entstanden oft zuverlässige Berichte über Bormanns Stimmung. Ich hörte damals nur wenig über solche Zusammenhänge.

Als ich kürzlich die Scharitzkehlalm (Gebiet Hoher Göll) besuchte, las ich dort eine Originalbrief Bormanns aus dieser Zeit. Darin drohte er dem Pächter Hölzl mit KZ, falls er sich weigerte, auf seinen gültigen Pachtvertrag zu verzichten. Bormann wollte diese reizvolle Almhütte für den Obersalzberg vereinnahmen.

Als ich den Brief las, fiel mir ein, daß dessen Inhalt mit meinen damaligen Erkenntnissen über Bormanns Charakter übereinstimmte: Rücksichtslos bis zur Brutalität, wenn es galt, ein gesetztes Ziel zu erreichen.
Später stellte es sich heraus, daß Bormann mit mir glimpflich verfuhr. Da gab es nicht nur die Rücksichtsnahme gegen Himmler oder Göring. Er wünschte sich auch aus guten Gründen Flakschutz für den Obersalzberg; das heißt, daß er mich brauchte.

Seite 62 oben: Hitler, schlaff und abgespannt wirkend. Sein wirklicher Gesundheitszustand während der letzten beiden Kriegsjahre blieb allerdings Staatsgeheimnis, auch für Fotografen.

Unten:
Gästehaus »Hoher Göll«. Hier befanden sich auch Dienststellen der Verwaltung Obersalzberg, die Bormann unmittelbar unterstand.

Seite 63: Das Bienenhaus im Kehlsteingebiet. Ich bekam es nie zu sehen. Bormann hütete es wie seinen Augapfel.

Seite 64 oben: Wachzug in »Rührt euch« Stellung vor dem Hause Türken. Die Fenster im Hintergrund dienten, allerdings nur im geschlossenen Zustand, diesen Männern insgeheim zur Beobachtung der jeweiligen »Stimmung« im Hause Bormann.

Unten:
Bormann (ganz links) auf der Terrasse des Berghofes.

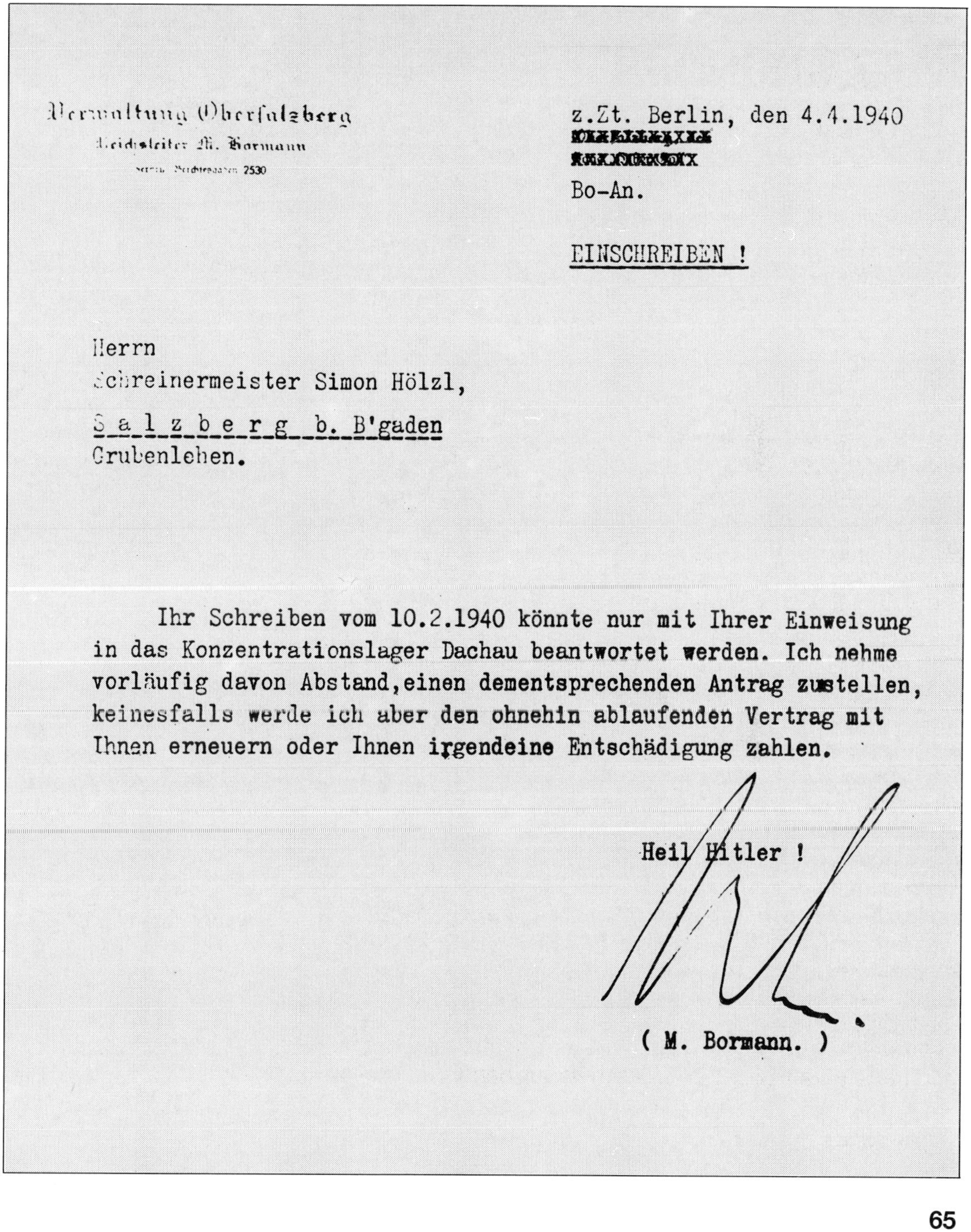

Verwaltung Obersalzberg
Reichsleiter M. Bormann
Fernruf Berchtesgaden 2530

z.Zt. Berlin, den 4.4.1940
[redacted]
Bo-An.

EINSCHREIBEN !

Herrn
Schreinermeister Simon Hölzl,

S a l z b e r g b. B'gaden
Grubenlehen.

Ihr Schreiben vom 10.2.1940 könnte nur mit Ihrer Einweisung in das Konzentrationslager Dachau beantwortet werden. Ich nehme vorläufig davon Abstand, einen dementsprechenden Antrag zustellen, keinesfalls werde ich aber den ohnehin ablaufenden Vertrag mit Ihnen erneuern oder Ihnen irgendeine Entschädigung zahlen.

Heil Hitler !

(M. Bormann.)

Drohbrief Bormanns an den ehemaligen Besitzer der Scharitzkehlalm.

BEGEGNUNGEN UND ERLEBNISSE

Hitler kam mit seinem Hauptquartier im Frühjahr 1944 zum letzten Male auf den Obersalzberg. Ende Februar 1944 hatte die Stollenbaukompanie zusammen mit tüchtigen Handwerkern unter dem Berghof hierfür die Voraussetzungen geschaffen. Tief unter dem Felsen waren komfortabel eingerichtete Wohn-, Arbeits- und Schlafzimmer, Bäder und Duschräume entstanden. Die Gefahr eines Luftangriffes war damit zwar nicht beseitigt. Notfalls konnte aber unterirdisch weiterregiert werden; so dachte man jedenfalls.
Mein Tagesablauf wurde weder durch Hitlers Anwesenheit noch durch die seiner Gäste, Generäle, Minister oder Botschafter berührt. Regelmäßige Besichtigungen der Geschützstellungen, die sich weit verstreut im Berchtesgadener Land befanden, Verhandlungen mit den Beauftragten Bormanns und viel Papierkrieg. Das füllte den Tag aus.
Die Bauleitung Bormanns ließ mir eine Baracke am Antenberg in dem Waldgebiet oberhalb des Platterhofes wohnlich einrichten. Wenige Schritte weiter befand sich die vorläufige Nachrichten- und Flugmeldezentrale, ebenfalls in Baracken untergebracht. Hier führte ein schattiger Waldweg vorbei, ein beliebter Wanderweg, der ins Scharitzkehlalm- und Jennergebiet führte.
Meine Frau mit unseren zwei kleinen Kindern lebte hier in der ersten Jahreshälfte 1944. Öfters spazierte Eva Braun hier vorbei. Oft ging sie allein in Begleitung ihrer beiden schwarzen Scotch-Terrier-Hunde; manchmal ging auch ihre Schwester Grete mit. Meist trug sie schlichte Trachtenkleidung.
Einmal wurde ich durch mein damals vierjähriges Söhnchen an Hitlers Anwesenheit erinnert. Er kam vom Kindergarten und berichtete:
»Mutti, ich habe den Führer von die Briefmarke gesehen«.

Ein andermal beobachtete ich aus einem Kasernenfenster, wie eine schwarze VW-Limousine kurz anhielt. Drinnen saß als Beifahrer, etwas vornübergebeugt, Hitler, offensichtlich schlafend. Meine Frau erlebte ähnliche Szenen. Häufig machte er einen erschöpften Eindruck.
Die Person Hitlers wurde am »Berg« nüchterner beurteilt als in der breiten Öffentlichkeit. Wenn er sich gelegentlich zeigte, stellte sich die gewohnte Faszination nicht immer ein. Einmal sprach er in der Theaterhalle vor den Bauarbeitern des Obersalzberges. Der Funke wollte nicht überspringen. Was war die Ursache?
Das Mißverhältnis zwischen dem niederdrückenden Kriegsgeschehen und dem Lebensstil auf dem Obersalzberg?
Wirkte er selbst enttäuscht und hatte er deshalb an Ausstrahlung verloren?
An einem heißen Sommertag des Jahres 1944 besichtigte ich mit einem Motorboot die Nebeleinheiten am Königssee. Am Steilufer vorbeigleitend bemerkte der Bootsführer plötzlich trocken: Eva Braun.
Sie stand an einem der wenigen begehbaren Uferränder im Badeanzug. Die Begleitung bestand aus zwei Personen. Ihr Boot schaukelte in unserem Kielwasser.
Ein andermal sah ich Hitler aus großer Entfernung, wie er in Begleitung von Goebbels, Bormann und einem Schwarm von Adjutanten auf der sonnenüberfluteten Almwiese unterhalb des Berghofes zum Teehaus am Mooslahnerkopf (nicht zu verwechseln mit dem Kehlsteinhaus!) spazierte.
Diese aneinandergereihten kleinen Begebenheiten machen deutlich, wie zurückgezogen Hitler am »Berg« lebte.
Während die Welt brannte, verspann er sich in eine Idylle, die ihn jedoch der Dramatik des politischen und militärischen Geschehens nicht zu entziehen vermochte.
Im Gegenteil. Hitlers Anwesenheit – wie auch die seines Führungsstabes – wirkte magnetisch. Hohe Stäbe und Ministerien siedelten sich im weiten Umfeld an.

Seite 66
Oben: Eva Braun
Unten: Die Theaterhalle auf dem Antenbichl.

So konnte es nicht ausbleiben, daß gesellschaftliches Leben besonderer Art entstand. Das durch den Krieg bedingte Kommen und Gehen, Befehle erteilen und entgegennehmen, das Bewundern von Kriegshelden, wenn sie ihre Auszeichnungen auf dem »Berg« entgegennahmen, erzeugte nicht nachlassende Hochspannung.

Es bildeten sich gesellschaftliche Zirkel, in deren Mittelpunkt zeitgemäß hohe oder hochdekorierte Offiziere standen. Diplomaten und Beamte des höheren Dienstes mit ihren Frauen gehörten dazu; aber auch bekannte Künstler, die sich gerne im engeren Umkreis niederließen.

Einige Male nahm ich an für heutige Verhältnisse sehr bescheiden ausgerichteten Festivitäten dieser Kreise teil. Es gab französischen Cognac, bayerisches Bier in Kriegsqualität und als besondere Rarität auch mal eine Flasche Wein. Zum Essen wurde wenig oder nichts angeboten. Meist brachte man seine Portion mit. Zu fortgeschrittener Stunde kam es auch einmal zu Diskussionen über die Kriegslage, sogar zu verhaltener Kritik an diesem oder jenem Heerführer, an Bormann, Göring, und mit besonderer Vorliebe an den »Goldfasanen« (damit waren Parteibonzen gemeint, die in den besetzten Gebieten unter der dortigen Bevölkerung durch unkorrektes Verhalten viel böses Blut machten), nie aber an Hitler. Sehr viel offener konnte ich mit den Angehörigen meines Offizierskorps sprechen. Sie hatten fast durchwegs Fronterfahrung und waren allemal zu ätzender Kritik bereit, aber auch zur Pflichterfüllung. Ich erinnere mich an Gesprächsthemen:

Der Englandflug von Rudolf Hess. Gab es eine Opposition in höchsten Führungskreisen oder handelte Hess im geheimen Auftrag Hitlers?
Der Fall Todt, Rommel, Mölders, Udet.
Viele Fragen, auf die wir keine Antwort wußten.
Ich erlebte nur ein offizielles Ereignis am Berghof.
Der Geburtstag Adolf Hitlers am 20. April 1944.

Hitler nahm in der großen Halle des Berghofes die Gratulationen entgegen. Da stand ich mitten in dicht gedrängten Reihen zusammen mit Ministern, Generälen, Adju-

Das Teehaus am Mooslahnerkopf; Originalzeichnung des Autors.

Seite 69 oben:
Hitler auf einem seiner Spaziergänge vor dem Teehaus.

Unten: Sepp Dietrich, Chef der ehemaligen Leibstandarte Adolf Hitler Er wagte es als einer von wenigen, Hitler gelegentlich unverblümt die Wahrheit zu sagen.

tanten, Parteiführern, Verwaltungsangehörigen der Verwaltung Obersalzberg, dem Hausverwalter des Berghofes mit seiner gesamten Mannschaft von Köchen, Kellnern, Zimmermädchen, Dienerschaft. Dazu kamen die Beschließerin der Gästehäuser mit deren Hilfspersonal, die Sekretärinnen, Fahrer, Piloten und viele andere mehr.
Als die Reihe an mich kam, im Namen des SS-Kommandos Obersalzberg zu gratulieren, stand ein überraschend gesund aussehender Adolf Hitler vor mir; Bormann neben ihm, mit seinen braunen, wachen Augen, in jener typischen Haltung, die den Eindruck erweckte, als stünde er ständig auf dem Sprung. Hinterher versammelten sich die »jungen« Gratulanten und sonstiges Fußvolk im Gästehaus »Hoher Göll« zu einem Glas rotem Sekt; damals wahrhaft ein ungewohnter Genuß.
Bliebe noch übrig, eine andere Seite des Lebens auf dem damaligen Obersalzberg zu beleuchten.
Bormanns Bauwut.
Hitler soll gesagt haben:
»Wenn der Bormann mir schließlich den ganzen Obersalzberg verbaut hat, errichte ich mir eben ein kleines Häuschen noch tiefer in den Alpen; dann habe ich meine Ruhe«.
Zu einer Zeit, als das Schlachtenglück längst in bedenklicher Weise den Gegner bevorzugte, kannte Bormanns Lust am Aufeinandersetzen von Steinen noch immer keine Grenzen. Zwar traten oberirdische Bauvorhaben nunmehr zurück. Dafür trieb er Gänge in den Felsen und baute unterirdisch. Es entstand ein zweiter Obersalzberg, diesmal nicht auf sondern im Berg.
Der Untertagebau erforderte einen Aufwand, der alle bisher erbrachten Bauleistungen womöglich übertraf.
So ging es unaufhaltsam weiter bis zum Tage des Bombenangriffs am 25. April 1945.
Heute sagen wir: Welcher Wahnsinn!
Tat man hier nicht so, als ob der Sieg sicher sei.
Wenn ja, ab wann tat man nur noch so als ob?
Damals sah das anders aus.
Als Hitler am 14. Juli 1944 den Obersalzberg verließ, um sich in sein Hauptquartier in Rastenburg in Ostpreussen zu begeben, soll er gesagt haben:

»Ich komme entweder als Sieger zurück, oder ich werde den Berg nie wiedersehen«.

Hätte ich diesen Ausspruch gekannt, wäre meine Lage in den letzten Tagen vor Kriegsende überschaubarer gewesen.
In der gleichen Zeit wird aber auch seine Äußerung bezeugt:
»Wenn den Alliierten die Landung in der Normandie glückt, ist der Krieg für uns verloren«.
Die Alliierten landeten dort bekanntlich im Juni 1944.
Unter meinen Männern gab es auch solche mit erfinderischem Ehrgeiz.
Sie versuchten den Problemen dieses Krieges mit eigenen Ideen beizukommen. Nur zwei solcher Ideen seien erwähnt.
Einmal ging es um eine ferngelenkte Rakete, die mittels Selenzellen ins Ziel gesteuert werden konnte. Dieser Gedanke eines Flakartilleristen war damals hochaktuell. Ich schickte den Mann nach Berlin. Der Neuigkeitswert seiner Erfindung dürfte allerdings nicht mehr so groß gewesen sein.

Ein anderer brachte mir einen Architekten aus München, welcher einen Luftschutzbunker erfunden hatte, dessen Unempfindlichkeit gegen Explosionsdrücke mich faszinierte. Es handelte sich um eine hohle Kugel, die aus einer Gipsmasse gegossen werden mußte. Sie hatte einen Durchmesser von etwa zwei Metern und bot im Kugelinnern Platz für mindestens fünf Menschen. Der Vorteil dieses Bunkers bestand darin, daß Bombendetonationen in wenigen Metern Entfernung keine Zerstörung der Kugel sondern allenfalls deren Fortrollen bewirkte. Nur ein Volltreffer hätte die Insassen getötet. Die Herstellung dieser Kugel konnte mit sehr geringem Arbeits- und Materialaufwand erfolgen.
Ich meldete diese Erfindung meiner vorgesetzten Dienststelle und wurde zum Vortrag bei Himmler befohlen. Er ließ sich überzeugen und wie ich später erfuhr, leitete er die Serienproduktion ein. So wurden die Kugelbunker im Berchtesgadener Raum an einigen Stellen für die Nebelabteilung verwendet. Der Vortrag bei Himmler

förderte eine Erkenntnis zu Tage, die mich nachdenklich stimmte.
Himmler äußerte sich mir gegenüber abfällig gegen Göring. Von Vernachlässigung seiner Pflichten war die Rede. Er meinte dies im Zusammenhang mit Äußerungen über unsere Hilflosigkeit gegenüber feindlichen Luftangriffen.
Während der dramatischen letzten Kriegstage sollte ich noch an dieses Gespräch denken.
Je näher das Kriegsende heranrückt, umso rarer wurden die Männer auch in den Zivildienststellen des Obersalzberges. Das »Heldenklaukommando«, wie es im Volks-

mund hieß, des Sonderbeauftragten General von Unruh holte einen nach dem anderen an die Front. Selbst unter den Architekten und Ingenieuren des Obersalzberges wurde ausgesiebt.

Im Sommer 1944, nach Hitlers letztem Aufenthalt auf dem »Berg«, wurde die Mehrzahl der Bedienungsmannschaften und ein Großteil der Offiziere und Unteroffiziere meiner Flakeinheiten für den Fronteinsatz abgezogen und gegen 15-16jährige Reichsarbeitsdienst-Mannschaften (RAD) ausgetauscht. Mit Hilfe der verbleibenden Offiziere und Unteroffiziere mußte ich alles daransetzen um den hohen Ausbildungsstand von vordem wieder zu erreichen. Das war etwas schwierig, weil ich auf Zusammenarbeit mit den RAD Führern angewiesen war, die mir beigegeben wurden. Über ihren Diensteifer hatte ich mich zwar nicht zu beklagen. Sie mußten aber auch die Weisungen ihrer vorgesetzten RAD Dienststellen beachten. Die standen nicht immer im Einklang mit den Erfordernissen meiner Flakaufgabe. Den RAD Führern unterstanden die RAD Mannschaften erzieherisch. Sie gestalteten somit den Innendienst, die Leibeserziehung und die weltanschauliche Schulung. Mir blieb die militärische Ausbildung. Es kam zu gewissen Spannungen, da ich meiner Aufgabe gemäß den Hauptanteil der täglichen Dienststunden für die militärische Grundausbildung wie auch für die an der Waffe benötigte. Eines Tages rief mich ein Batteriechef an und meldete, ein RAD Mann habe ein Hitlerbild, welches sich auf einem Kalenderblatt befunden habe, mit dem Skistock aufgespießt und damit im Spaß in der Luft herumfuchtelt. Das vordem mit Reißzwecken an die Barackenwand geheftete Bild habe sich durch einen Luftzug gelöst und sei in lustigen Kurven zu Boden geschwebt. Welches Strafmaß ich für angemessen hielte.
Ich fragte ihn, ob der Mann aus jugendlichem Leichtsinn gehandelt habe oder mit der deutlichen Absicht, eine »Führerbeleidigung« zu provozieren.
»Nein, jugendlicher Leichtsinn«.
Ich schlug vor, ihn nach gehöriger Belehrung mit einigen Tagen »Bau« (Arrest) davonzukommen zu lassen.
Wenige Tage später wurde ich aus Berlin angerufen. Reichsarbeitsdienstführer Hierl hatte sich wegen dieses angeblich unerhörten Vorfalls direkt an Himmler gewandt. Ich müsse zur Verantwortung gezogen werden, weil eine Beleidigung des Führers nicht gebührend geahndet worden sei. Ich legte dar, daß der Führer bei jenem Vorfall nicht bewußt sondern allenfalls unbewußt beleidigt worden sei.
Hierfür sei der junge Mann zur Rede gestellt und im Interesse der Aufrechterhaltung militärischer Manneszucht mit einer angemessenen Strafe bedacht worden. Im übrigen vertrat ich den Standpunkt, daß man den guten Willen unserer Jugend nicht in kleinlicher Schikane erstik-

ken solle. Ich konnte mich schließlich durchsetzen. Trotz dieses für mich enttäuschenden Vorfalls gab ich mir weiterhin Mühe, das gute Verhältnis zu den RAD Führern meiner Flakeinheiten aufrecht zu erhalten.
Dennoch hörten die Bestrebungen nicht auf, den Einfluß der RAD Führer auf die Erziehung der Flakbedienungen auf Kosten ihrer Ausbildung an der Waffe auszudehnen. Wenige Wochen später kam es zu einer erneuten Demarche bei Himmler. Ich vernachlässige angeblich den weltanschaulichen Unterricht der RAD Männer. Auch der Sport käme zu kurz.

Diesmal kam ich nicht so billig davon.
Ich wurde vor ein hohes Gremium zitiert: Reichsführer Himmler, Chef des Führungshauptamtes Obergruppenführer Jüttner, zwei Generalarbeitsführer und Adjutanten waren zugegen. Mehrere Stunden dauerte das Kreuzfeuer z.T. recht unsachlicher Fragen, zu denen ich Stellung nehmen mußte. Das militärische Argument, Flakschutz des Obersalzberges, wog schließlich schwerer. Ich hatte mich abermals durchgesetzt.
Eines Nachts in der Zeit der Anwesenheit Hitlers, läutete gegen 2 Uhr das Telefon neben meinem Bett.
Schlaftrunken griff ich nach dem Hörer. Am anderen Ende der Leitung die Stimme Bormanns. Seine Stimme klang angeheitert. Ich hörte Stimmengewirr im Hintergrund.
Bormann deutete etwas ironisch an, von mir sei gerade in dieser Runde die Rede gewesen und fragte:
»Haben sie Lust zu uns zu kommen?«
»Jawohl, Herr Reichsleiter!«
Die Zumutung einer so merkwürdigen und zur Unzeit vorgebrachten Einladung machte mich hellhörig. Wollte er vielleicht nur beobachten, wie ich mich in einer ungewöhnlichen Situation verhielt?
Mein Fahrer brachte mich zum Hause Bormann.
Der Hausherr selbst stellte mich in einer Runde von Menschen vor, deren Stimmung wenig zu der meinen paßte. Auf den Tischen standen Sekt-, Bier- und Fruchtsaftgläser. Ich erinnere mich an Obergruppenführer Lorenz, an Adjutanten, Sekretärinnen und Männer aus der Verwaltung Obersalzberg. Der Gesprächston war gelegentlich zynisch und meilenweit entfernt von der üblichen Beteuerung des Glaubens an den Endsieg.
Ich kam mir etwas verloren vor; hielt mich an die Damen, charmante und gescheite Vertreterinnen ihres Geschlechts, die mir unauffällig dabei halfen, die anfängliche Verlegenheit mit Anstand zu überwinden.
Bormann selbst hielt sich mir gegenüber zurück, so, als wollte er nachträglich von seiner etwas ausgefallenen Art mich einzuladen Abstand nehmen.
In den frühen Morgenstunden dieses Apriltages (1944) verabschiedete Bormann seine Gäste. Bei späteren Begegnungen verhielt er sich mir gegenüber korrekt und auf den gebührenden Abstand bedacht.
Die Ausstattung meiner Flakeinheiten mit Waffen gelangte im Frühjahr 1944 zu einer gewissen Vollständigkeit.
Es gab noch einige Stellungswechsel. Dabei ging es um die Verbesserung des Schußfeldes.
Die Masse der Feuerkraft wurde auf Bergspitzen stationiert, oder, wie das Beispiel Roßfeldalm zeigt, am Grat. Der Kehlstein bot diese Voraussetzungen besonders günstig. Dicht beim wichtigsten Schutzobjekt, dem Berghof, aber fast 1000 m höher als dieser gelegen, ergab sich eine Schußposition, auf die ich in Erfüllung meiner Aufgabe nicht verzichten durfte. Bekanntlich war das Haus auf dem Kehlstein Bormanns liebstes Spielzeug.
Dieses in Felsen gefaßte Kleinod kühner Ingenieurkunst entrückte seinen Erbauer, wenn es ihn danach drängte, dem irdischen Tagesgeschäft, enthob ihn in die Wolken. Hier war Platz für Gespräche im kleinen Kreise, aber auch zur Erholung und zum Plaudern mit wenigen Freunden.
Hitler nutzte die Gelegenheit nur selten: Besuche des italienschen Außenministers Graf Ciano, Verabschiedung des französischen Botschafter François Poncet, Hochzeit des später wegen Verrats erschossenen Reitergenerals Fegelein mit Gretel Braun, wenige Stunden des Ausspannens zusammen mit Eva Braun; höchstens zehnmal sah ihn das Kehlsteinhaus. Ganz anders Bormann. Zu jeder Gelegenheit, die sich bot, besuchte und inspizierte er es, kannte jeden Winkel, hörte nie auf, kleine bauliche Änderungen anzuordnen, zeigte das

Seite 70:
Hitlers Geburtstag
am 20. April 1943.

Seite 74 oben:
Eva Braun sonnt sich
vor dem Kehlsteinhaus.

Seite 74 unten:
Hitler im Kehlsteinhaus.

Sekretärinnen vom »Berg«
auf dem Spaziergang.

Schmuckstück des Obersalzberges seinen Freunden. Ich war auf diese Leidenschaft Bormanns hingewiesen worden. Flak dort oben? Nie, würde er sagen!

Ich näherte mich deshalb diesem Thema mit der dargebotenen Vorsicht. Verhandlung mit Bormanns Verwaltung. Hin und Her. Ich ließ nicht locker.
Endlich ließ er sich überzeugen. Anruf der Verwaltung Obersalzberg. Ich solle wegen des Kehlsteins mit dem Luftwaffenadjutanten des Führers, Herrn Oberst von Below verhandeln. An einem freundlichen Tage Ende Mai 1944 empfing mich dieser langdienende Adjutant Hitlers in seiner Adjutantur.
Diese befand sich auf der Westseite der großen Berghofterrasse in einem niedrigen Gebäudetrakt, dessen langgestreckte Fensterfront nach Norden, also auf die große Terrasse blickte. Das Gebäude verlängerte die Rückseite des Berghofes soweit, daß es etwa mit der Westseite

des Berghofes ein gleichschenkeliges Dreieck bildete. In diesem verhältnismäßig niedrigen Gebäudeflügel, einstöckig, mit einem ausgebauten Teil, dessen Obergeschoß ebenfalls ausgebaut war, befanden sich nebeneinander alle Adjutanturen Hitlers. Leibarzt und Zahnarzt des Führers hatten hier ebenfalls ihre Ordinationszimmer. Jede dieser kleinen Wohnungen besaß eine eigene Eingangstür, die sich zur Berghofterrasse öffnete. Nach dort schauten auch die Fenster. Man mußte, von der Berghofterrasse kommend, etwa drei Treppenstufen überwinden, bevor man die Eingänge der verschiedenen Adjutanturen erreichen konnte.

Die Unterredung mit Herr von Below brachte den gewünschten Erfolg. Es wurde festgelegt, daß der Kehlstein mit einem Zug 3,7 cm Flakkanonen bestückt werden sollte. Sie sollten auf dem Grad oberhalb des Kehlsteinhauses so in Stellung gebracht werden, daß wesentliche Störungen für das Kehlsteinhaus vermieden werden konnten. Nach Beendigung des Gesprächs wendete ich mich wieder den drei Treppenstufen zu, um über die Berghofterrasse die Rückseite des Führerhauses und damit dessen hinteren Ausgang zu erreichen. Noch nicht über die erwähnten drei Treppenstufen hinausgelangt, die menschenleere Weite der Berghofterrasse vor Augen, zeichnete sich gegen den Horizont eine Gestalt ab, die, um die Hausecke des Haupttraktes kommend auf mich zusteuerte: Es war Hitler selbst. Offensichtlich strebte er der Adjutantur zu. Vielleicht hatte er zu dieser späten Nachmittagsstunde das Tagewerk, besser Nachtwerk, begonnen. Er trug wie üblich den graugrünen Rock mit EK 1; keine Mütze, lange schwarze Hosen. Schlürfenden Schrittes kam er langsam auf mich zu. Ich verhielt unwillkürlich, ging weiter. Es gab kein Ausweichen. Schließlich hielt ich an, als uns noch etwa zwei Schritt voneinander trennten.
Militärischer Gebrauch hätte es erfordert, daß ich nun meinem obersten Befehlshaber Meldung erstattete, Arm zum Gruß, linke Hand am Koppel.
»Mein Führer, Sturmbannführer Frank meldet gehorsamst, SS-Kommando Obersalzberg ohne besondere Vorkommnisse«.

Westliche Berghofterrasse; Teestunde.
Im Hintergrund die Adjutantur.

Ersteres brachte ich zuwege. Die Meldung jedoch blieb mir im Halse stecken.
Der Anblick dieses Mannes, wenige Wochen zuvor gelegentlich des Geburtstagsempfanges noch gesund aussehend, nun in sein Gegenbild verwandelt, ließ mich erstarren. Die Augen glasig, das Gesicht aufgedunsen, leichenfarbig bis grau, entstellende Tränensäcke, die Gestalt greisenhaft vorne übergebeugt, ein Arm zitternd wie bei einem Parkinson-Kranken. Eine kurze Weile standen wir Auge in Auge gegenüber. Mir war, als nähme ich unausgesprochen einen Befehl entgegen. Was du hier gesehen hast, mußt du verschweigen.

Mir erschien es wie eine Ewigkeit, bis ich mich aus der Erstarrung zu lösen vermochte. Wortlos machte ich meine Ehrenbezeigung und strebte der Hinterfront des Berghofes und damit dem Ausgang zu.
Mir blieb die Last der neu gewonnenen Erkenntnis.
Hitler ein schwerkranker Mann, der zumindest zeitweise keine Gewalt über den eigenen Körper hatte.
Ich nutzte alle Möglichkeiten meiner Stellung, um über Hitlers Gesundheitszustand Näheres zu erfahren. Er stand damals unter der Einwirkung von Spritzen, die ihm regelmäßig verabreicht wurden. Diese verursachten euphorische Stimmungen, wie ich das während des Hitler-Geburtstages beobachtet hatte, um dann aber einen umso tieferen Abfall der physischen und psychischen Kräfte auszulösen. Den Belastungen der Kriegsführung war er wohl nicht mehr gewachsen. Aufputschmittel mußten aushelfen. Sie höhlten die Substanz aus. Hitlers Gesundheitszustand verschlimmerte sich so sehr, daß die Stollenbaupläne darauf Rücksicht nahmen. Die Zugänge zu seinem Stollen mußten so beschaffen sein, daß nicht die geringste Stufe zu überwinden war. Treppensteigen muß ihm sehr schwer gefallen sein. So wurde eine Zeit lang sogar an Plänen gearbeitet, den Berghof durch einen Aufzug mit seinem Stollensystem zu verbinden. Allerdings wurde dieses Projekt später wieder fallengelassen.

Vor der Adjutantur; Hitler im Kreise von Mitarbeitern. Im Vordergrund sein Hund Blondi.

Die Rolle des Leibarztes Hitlers, Morell, geriet dadurch in ein Zwielicht; Hitler in seiner Rolle als Herr über alle politischen und militärischen Entscheidungen nicht minder. Diese Situation wurde durch Hitlers Arbeitsweise noch verschärft.

Besuche seinerseits an den Brennpunkten des militärischen Geschehens kamen bekanntlich am Anfang des Krieges verhältnismäßig selten, gegen dessen Ende jedoch fast garnicht mehr vor. Er führte wie die Spinne im Netz vom Nachrichtenzentrum aus. Über die Richtigkeit solcher Arbeitsweise mögen Berufenere urteilen. Es darf jedoch behauptet werden, daß dadurch der Prozeß seines körperlichen Verfalls beschleunigt wurde. Die Meldungen von den Kriegsschauplätzen trafen nachmittags und abends ein. Deren Bearbeitung bis zur Vortragsreife nahm noch einmal Zeit in Anspruch. Die Lagebesprechung mit der darin einmündenden Befehlsausgabe dauerte manchmal bis in die Morgenstunden. Hinzu kam Hitlers Hang, sich im Detail zu verlieren, also bis ins Bataillon hinein zu befehlen. Ich selbst hatte dies während der Wolchowkämpfe als Führer eines Bataillons erlebt. Nach Erledigung dieser Schwerstarbeit quälte er seine Mitarbeiter mit endlosen Monologen. Wie Hitler ihnen gegenüber betonte, war er sich dieser zusätzlichen Belastung bewußt. Er entschuldigte sich sogar hierfür und meinte: »Ich brauche diese Gespräche, um mich abzureagieren«.

Er legte sich oft erst in den Morgenstunden zur Ruhe nieder, um am folgenden Nachmittag den Tageslauf (besser die nächste Nachtwache) neu zu beginnen. Viele Fehlentscheidungen der letzten Kriegsjahre mögen dadurch entstanden sein, daß sie dem rastlosen Hirn eines Nachtarbeiters entsprangen.
Eine konsequente Ausdeutung des Hitlerschen Krankheitsbildes blieb mir allerdings versagt. Meine Erkenntnisse stützen sich, mit Ausnahme der geschilderten Erlebnisse, auf Berichte Dritter. Die neu gewonnene Einsicht, daß Hitler ein kranker Mann war, ließ mich nicht mehr los. Meine Überraschung hierüber zeigt, wie sorgfältig dieses Staatsgeheimnis gehütet wurde. Es gab nur

wenige Eingeweihte. Dazu gehörten mit Sicherheit der engere Kreis seiner militärischen und politischen Berater, seine Ärzte, Diener und Ordonanzen.
Ein Ereignis sei in diesem Zusammenhang noch erwähnt, von dem ich damals zwar keine Kenntnis erhielt, welches aber die damalige Situation beleuchtet.
Am 11. Juni 1944 wurde Hitler und seiner Begleitung auf dem Kasernenhof Obersalzberg ein neuer von Professor Focke entwickelter Hubschrauber vorgeführt, welcher schwere Lasten, wie Geschütze oder Kraftfahrzeuge, hochheben und an einem genau gekennzeichneten Platz wieder absetzen konnte. Außerdem wurden Muster von drei neuen Felduniformen vorgeführt. Einer der vorführenden Soldaten trug ein Sturmgepäck, in welchem, ohne dessen Wissen, eine Sprengladung enthalten war.

Nur weil Göring und Himmler nicht anwesend waren, wurde diese Ladung durch die Attentäter nicht gezündet. Ich muß wohl an diesem Tage die Flakstellungen besucht haben. Deshalb erhielt ich erst später Kenntnis von diesem Vorfall. Es bleibt bemerkenswert, daß es gelang, mir gegenüber zu verheimlichen, daß es sich hierbei um ein Attentatsversuch gehandelt habe.
Hitlers Abreise vom Obersalzberg am 14. Juli 1944 wurde unter strenger Geheimhaltung durchgeführt.
Erst einen Tag später erfuhr ich, daß er sein Hauptquartier in Rastenburg in Ostpreussen aufgesucht hatte.
Ich atmete auf, plante und betrieb den Wach- und Luftschutz des »Berges« für seine Rückkehr, die aber nie mehr stattfinden sollte.
Am 20. Juli 1944 besuchte ich eine befreundete Familie am Hintersee. Plötzlich stand Frau Voss (Admiral Voss gehörte zum engsten Beratungsstab) aufgeregt vor uns: Attentat auf Hitler, Tote und Verletzte. Hitler lebt, wenn auch verletzt.

Unverzüglich zum Obersalzberg zurückgekehrt, erfuhr ich nähere Einzelheiten. Hitler war mit leichten Verletzungen davongekommen. Es wurde angenommen, daß er außerdem einen Schock erlitten hatte, aber die Gesamtführung nicht aus der Hand gab, auch nicht vorübergehend.

Das Ziel des Attentats verfehlt und wiederum auch nicht. Hitlers Gesundheitszustand hatte sich mit Sicherheit noch einmal verschlechtert. Die Zweifel häuften sich. Hatte er noch Kraft aus der gegebenen Lage die notwendigen Konsequenzen zu ziehen?

Inzwischen war die Rote Armee am 22. Juni 1944 (3. Jahrestag des deutschen Angriffes auf Rußland) zur Großoffensive gegen die weit nach Osten ausbuchtende Heeresgruppe Mitte angetreten.

Als Hitler, wohl infolge dieser Entwicklung, den Obersalzberg am 14. Juli 1944 verließ, waren Minsk und Wilna gefallen, Grodno, Lublin, Brest, Litowsk und Lemberg folgten noch im Laufe desselben Monats.

Hitlers Führungsschwäche trat in der nun folgenden Endphase des 2. Weltkrieges deutlich hervor. Die Grundsätze beweglicher Kriegsführung, Voraussetzung für die militärischen Erfolge der ersten Kriegsjahre, Zangenangriff, Einkreisung des Gegners und bewegliches Ausweichen bei entsprechenden Manövern des Gegners, schienen vergessen zu sein. Dafür hatten sich unsere Gegner ihrer umso deutlicher erinnert. Es erfolgte die russische Großoffensive am 20. August 1944 an der Südfront, deren erfolgreicher Verlauf den Abfall der meisten Balkanstaaten im Gefolge hatten. Mit der russischen Januar-Offensive über die Weichsel begann der Zusammenbruch unseres Ostheeres. Im Westen bot sich ein ähnliches Bild. Der Zusammenbruch an der Westfront konnte im November 1944 auf der Linie Aachen, Straßburg noch einmal verhindert werden.

Am schlimmsten belastete der Bombenkrieg die deutsche Heimat. Die meisten deutschen Städte sanken in Schutt und Asche. Millionen deutscher Männer, Frauen und Kinder verbrannten oder erstickten unter den Trümmern ihrer Häuser. Es wird immer ein Rätsel bleiben, woher die Überlebenden die Kraft nahmen, trotzdem in den Fabriken weiter zu arbeiten.

Mut der Verzweiflung? Glaube an die Durchhalteparolen von Goebbels? Angst vor der Eroberung durch die Rote Armee? Hoffnung auf ein Einlenken der Westmächte, um russische Übermacht zu verhindern?

Im November 1944 kam ein Untersturmführer der Wachkompanie Obersalzberg ums Leben, als er mit seinen Männern auf dem Sillberggelände den Wurf von scharfen Handgranaten übte.
Seine Beerdigung sollte in Ehren aber angesichts der Kriegslage ohne Aufwand durchgeführt werden. Von Parteiseite kam jedoch der Wunsch, die Trauerfeier in eine Demonstration zu verwandeln. Trauerzug durch Berchtesgaden. Die Verhandlungen über dieses Thema brachten mich mit dem damaligen Landrat Jakob zusammen. Er ließ Betrachtungen über die ernste Kriegslage anklingen. Ich hörte ihm aufmerksam zu, widersprach nicht, bestätigte.

Hitler wechselte noch zweimal sein Hauptquartier.
Ziegenberg bei Bad Nauheim (Ardennenoffensive) und Berlin. Deutlich sah ich vor Augen, daß Hitlers letztes Hauptquartier Obersalzberg heißen würde.
Diese Vorstellung beschäftigte mich nicht alleine.
Je wilder sich die Unglücksbotschaften von den Fronten überstürzten, umso fragender die Blicke. Man rückte

Seite 80 und 81:
Beerdigung eines Offiziers der Wachkompanie 1944.
Der Trauerzug führte durch die heutige Fußgängerzone und den Neuhausbogen.

Seite 78 und 79: Attentatsversuch auf Hitler am 11. Juli 1944 während einer Vorführung neuer Felduniformen. Diese historische Aufnahme wurde heimlich von einem Angehörigen der Wachkompanie gemacht. Der unbekannte Fotograf stand hinter einem Fenster des Wachkompaniegebäudes.

Seite 85: Zufahrt zum Landhaus Göring; im Vordergrund die Adjutantur Görings. Die Aufnahme entstand vor dem Kriege.

Seite 88: Wohnzimmer im Landhaus Göring, in welchem mich der damalige Reichsmarschall empfing.

Seite 90 und 91: Gästehaus »Hoher Göll«. Originalzeichnung des Autors.

enger zusammen. Es gab Gespräche, die ein Jahr zuvor noch undenkbar gewesen wären. Der strahlende Glanz unerschütterlicher Siegeszuversicht wurde rissig. Dabei bildete sich eine immer deutlicher werdende Unterströmung der allgemeinen Stimmung. Gegen Rußland kämpfen bis zur letzten Patrone, um unsere Familien vor den Schrecknissen russischer Besatzung zu schützen. Friedensfühler nach dem Westen, weil man hoffte oder auch davon überzeugt war, daß der Westen an einem totalen Zusammenbruch Deutschlands nicht interessiert sein könnte. Mein Bild, das ich mir Monate zuvor im Angesicht eines greisenhaft wirkenden Adolf Hitler von unserer oberster Führung gemacht hatte, bestätigte sich noch einmal in den Wochen des Scheiterns der Ardennenoffensive. Ich erfuhr von einer Gewährsperson, die es wissen mußte, daß Hitler sich mit der Methode »Selbstmord durch den Mund« vertraut machte, weil er sich nicht mehr die Kraft zutraute, den Tod an der Front zu suchen.

Gleichzeitig erfuhr ich, daß viele andere seiner wichtigsten Mitarbeiter, z.B. Himmler, eine Giftkapsel bei sich trugen, die sie im Falle der Gefangennahme zu zerbeissen gedachten. Die plagenden Zweifel der letzten Wochen und Monate waren nunmehr für mich mit einem Male ausgestanden. Nun wußte ich, daß uns keine andere Wahl blieb, als den Kampf im Osten durchzustehen, wir aber keine Gelegenheit auslassen sollten, mit den Westalliierten eine Möglichkeit zum Frieden zu suchen.

Dieser Gedanke, er sollte mich in den letzten Kriegstagen noch fordern, entsprach der Grundstimmung des um Sein oder Nichtsein kämpfenden Volkes: Alle Flüchtlingsströme bewegten sich von Ost nach West. Es wäre keinem Deutschen, nicht einmal einem solchen kommunistischer Prägung, eingefallen, vor den Armeen der Westalliierten zu fliehen, um sich dem Schutze der Roten Armee anzuvertrauen.

Auch die furchtbare Bombennacht von Dresden im Februar 1945 vermochte diese Grundstimmung der Deutschen nicht zu ändern.

Landrat Jacob

DER PLAN FÜR DIE LETZTEN TAGE

Nachdem ich den Gedanken an Sieg endgültig gestrichen hatte, versuchte ich, die kommenden Ereignisse abzuschätzen und in meinem Verantwortungsbereich Vorbereitungen zu treffen. Ich erinnerte mich an die Unterredung, die ich mit Landrat Jakob geführt hatte, rief ihn an, sodaß eine weitere Unterredung unter vier Augen zustande kam. Bei der Lagebeurteilung wurden wir schnell einig. Eine Verteidigung von Obersalzberg-Berchtesgaden ist militärisch sinnlos. Lediglich für den Fall, daß der Führer sein letztes Hauptquartier auf dem »Berg« errichtet, könnte eine solche erzwungen werden, jedoch mit vernichtenden Folgen für die nähere und weitere Umge-

bung. Die schrecklichen Ereignisse beim Endkampf um Berlin für diese Stadt und ihre Bevölkerung geben hierzu genügend Anschauungsunterricht. Dabei mußte bedacht werden, daß die Enge des Berchtesgadener Gebirgstales die Zerstörungskraft moderner Waffen noch um ein Vielfaches gesteigert hätte. Es mußte deshalb alles in meiner Macht stehende getan werden, um ein solches Debakel zu verhindern.
Das Gleiche galt für die sogenannte »Alpenfestung«. Sie gab es nicht, konnte also auch nicht verteidigt werden.
Wenn Hitler nicht hierher kommt, die Gegner jedoch bis zum Obersalzberg vorstoßen, ist der Krieg verloren. Für diesen Fall versprach ich Landrat Jakob den Abzug meiner Soldaten. Diese zunächst nur allgemein formulierte Vereinbarung bedeutete nicht die Vorbereitung zur Desertion. Die Aufrechterhaltung geordneter Verhältnisse bis zum Tage des militärischen Zusammenbruchs war eine wichtige Voraussetzung für die Verwirklichung unseres Überlebensplanes.

Er barg ohnehin genug nicht übersehbare Risiken in sich. Der schwierigste Teil der Arbeit wartete noch auf mich. Wie die Kriegslage in den höchsten Führungskreisen wirklich beurteilt wurde, erhellt ein Erlebnis aus dem Jahre 1944. Die Frau eines meiner Offiziere besuchte ihren Mann für einige Wochen auf dem Obersalzberg. Sie wohnte bei dem mit ihr befreundeten Verwalter des Gutshofes.
Während des Fliegeralarms traf sie im Luftschutzbunker Frau Speer. Sie nahm sich die Freiheit und fragte Frau Speer: »Wie soll das nun mit dem Krieg weitergehen«?
Frau Speer antwortete: »Wir haben doch nichts mehr«.
Die nächste Frage lautete: »Ja und die Wunderwaffe?«
Antwort: »Hm«.
Mein Entschluß stand im Widerspruch zu den offiziellen Durchhaltebefehlen. Seine Verwirklichung bedurfte deshalb besonderer Vorsichtsmaßnahmen.
Ich suchte fünf Offiziere aus, deren Verantwortungsbewußtsein ich besonders schätzte und machte sie in vertraulichem Gespräch mit meinen Gedankengängen bekannt. Ich betonte, daß jeder pflichtbewußte Soldat zum selbständigen Handeln aufgerufen sei, wenn es die Situation erfordere. Wir müßten uns vorbereiten, solange dies noch möglich sei. Zu meiner großen Genugtuung fand ich offene Ohren. Militärischen Gehorsam konnte ich nun nicht mehr erwarten. Ich fand jedoch einhellige Zustimmung. Sie machte es möglich, daß in den letzten Kriegstagen in meinem Befehlsbereich schlimmeres Unglück, als es ohnehin auf uns zukommen mußte, abgewendet werden konnte.
Von nun an, also ab Januar 1945 gingen meine Anweisungen zur Verwirklichung des Überlebensplanes nach dem Schneeballsystem von den fünf Offizieren, die ich ins Vertrauen gezogen hatte, bis zum letzten Mann. Das heißt, daß jeder ebenfalls fünf Mann seines Vertrauens in meine Gedankengänge einwies und so weiter.
Die Einsatzbereitschaft blieb davon unberührt.
Eine Gemeinschaft entschlossener Kameraden stand hinter mir, wie es sich später zeigen sollte.
Der Gesprächsfaden zu Landrat Jakob riß nicht mehr ab. Der Ablauf kommender Ereignisse ließ sich damals noch nicht einmal in Umrissen abschätzen. Es verbot sich deshalb, einen genauen Plan auszuarbeiten. Es gab aber schon gemeinsame Vorbereitungen.

Wir richteten in den Bergen Ausweichquartiere ein und statteten diese mit Lebensmittelvorräten aus.
Diese Maßnahme erwies sich später als hilfreich, verhalf sie doch dazu, so manchen meiner Männer, aber auch Berchtesgadener Bürgern sich dem Siegesrausch der Eroberer zu entziehen und im Gebirge versteckt ruhigere Tage abzuwarten. Hinzu kam die Abmachung mit Land rat Jakob, wonach ich den Einsatz des Volkssturmes, der mir im Gesamtbereich seit Oktober 1944 unterstand, im gegenseitigen Einvernehmen unterlassen würde, falls die vorhersehbare Entwicklung der Dinge eintrat.

Landrat Jakob konnte im Vertrauen auf unsere Verabredung am 5. Mai 1945 den Amerikanern und Franzosen entgegenfahren und den Landkreis Berchtesgaden in aller Form übergeben. Hitzköpfe, die auf unserer Seite dem entgegenstanden, drohten vergebens. Abgesehen von einigen schmerzlichen Vorkommnissen während der Besatzungszeit blieb Berchtesgaden unversehrt.

DER FALL GÖRING UND DIE ZERSTRÖRUNG DES OBERSALZBERGES

Nach dem Scheitern der Ardennenoffensive zog Hitler sich am 16. Januar 1945 in den Führerbunker der Reichskanzlei in Berlin zurück.
Die Verluste des letzten Vierteljahres deutscher Kriegsführung standen in keinem Verhältnis mehr zu den hilflosen Schlägen, die wir noch auszuteilen vermochten. Immer wieder kam es vor, daß ein einziges tapfer ausharrendes MG Nest durch ganze Bombergeschwader oder die zusammengefaßte Artillerie einer Division ausgelöscht wurde. Mit ihm Dörfer, Städte, Menschen.
Ich beoachtete das Heranrücken der in Süddeutschland über Würzburg, Stuttgart oder Ulm vorstoßenden amerikanischen und französischen Divisionen. Die Nervosität stieg von Tag zu Tag.
Noch immer war die Frage nicht beantwortet, ob Hitler sein letztes Hauptquartier am Obersalzberg aufschlagen würde oder in Berlin bliebe.
Tatsächlich faßte Hitler erst am 20. April 1945 den endgültigen Entschluß, in der Reichshauptstadt »zu siegen oder zu fallen«.
Untergangsstimmung machte sich breit. Ich blieb davon nicht verschont. Vielleicht erklärt sich damit ein Autounfall, der mir damals zustieß.
Ende März 1945 fuhr ich auf spiegelglatter Fahrbahn auf der 1000 m hoch verlaufenden Alpenstraße zum Dürreck. In einer Kurve kam ich ins Rutschen und schleuderte über die Böschung. Der Wagen überschlug sich zweimal ehe ich mich auf einem Felsplateau wiederfand.
Der Wagen war Schrott. Ich hatte das Brustbein gebrochen, Schnittwunden, sonst wohlauf. Dieser Unfall und meine glückliche Rettung brachten mich zur Besinnung. Ich humpelte zusammen mit meinem Beifahrer, der vorher herausgesprungen und unversehrt geblieben war, zurück zu meinem Befehlsstand. Nun mochte kommen was sollte.
Zunächst sollte ich jedoch durch zwei absonderliche Fernschreiben Bormanns grimmig erheitert werden. Er befahl darin seinem Verwaltungsführer, er solle die Forellen, welche sich in einem eigens für sie angestauten Wasser des Kehlsteingebietes tummelten, ausquartieren, damit sie bei einem Bombenangriff keinen Schaden nähmen.
Zweitens: Die Schwester des ehemaligen Leibkoches Hitlers und derzeit Koch in der Kaserne, sollte an eine andere Arbeitsstelle versetzt werden. Sie leitete bis dahin die Kantine. Begründung: Verwandte sollen nicht am gleichen Arbeitsplatz tätig sein.
Zur gleichen Zeit berichtete mir eine Sekretärin Bormanns, er habe ihr, aus Berlin anrufend, versichert, unser Sieg sei nicht mehr aufzuhalten.
Nicht aufzuhalten waren die Armeen der Russen und die der Westalliierten. Es zeichnete sich die Einkreisung Berlins ab.
Der 20. April 1945 verlief auf dem Obersalzberg ohne besondere Vorkommnisse. Allerdings herrschte in diesen Tagen ein reger Flugverkehr zwischen Berlin und Salzburg. Ich erfuhr gegen Abend des 21. April 1945, daß Hermann Göring mit Stab unterwegs sei. Später erhielt ich Kenntnis von seinem Eintreffen auf seinem Landhaus am Obersalzberg. Generaloberst Koller, Luftwaffengeneralstabchef, folgte seinem Oberbefehlshaber.
Es trafen auch der Marineadjutant Hitlers, Admiral von Puttkamer, zusammen mit etwa 80 Mitgliedern des engsten Stabes um Hitler ein.
Die Flucht von Beamten und Offizieren aus Berlin hielt an. Auf dem Gleisen des Berchtesgadener Bahnhofes rollten Waggons ein, die mit Geheimdokumenten vollgestopft waren. Der Ansturm von Voraus- und Hauptkommandos war so groß, daß Unterbringungsschwierigkeiten entstanden.
Auch Bormann hatte Personal vorausgeschickt, das Hitlers Umzug von Berlin auf den Obersalzberg vorbereiten sollte. Er hoffte immer noch, Hitler umstimmen zu können, um mit ihm Zuflucht auf dem Obersalzberg zu suchen. Vergebens.
Im Nachfolgenden berichte ich u.a. über Vorgänge in Berlin, die ich damals so nicht kannte. Diese kleine Ab-

weichung vom Stil des Erlebnisberichtes soll dem Leser die Ereignisse am Obersalzberg bei Kriegsende verständlicher machen. Am 20. April 1945 nahm Hitler im Führerbunker der Reichskanzlei Berlin die Gratulation der höchsten Würdenträger des Dritten Reiches, soweit diese noch nicht aus Berlin geflohen waren, entgegen. Göring hatte diese Gelegenheit benutzt und ihn gefragt: »Mein Führer, Sie haben doch wohl nichts dagegen, wenn ich jetzt nach Berchtesgaden fahre?«.

»Meinetwegen fahr los«, war Hitlers Antwort*).

Dem war vorausgegangen, daß Hitler für den Notfall getrennte Führungsstäbe im Norden und im Süden befohlen hatte.

Göring war für den Süden eingeteilt. Dönitz für den Norden. Nicht nur dieses. Wie Göring mir später persönlich

*) siehe David Irving »Hitler und seine Feldherren« bei Ullstein 1975, Seite 517 unten.

sagte, hatte er während der besagten letzten Unterredung noch einmal die Nachfolgefrage angeschnitten. Hierbei habe Hitler bestätigt, daß Göring im Sinne der durch Gesetz geregelten Nachfolgefrage die Gesamtverantwortung übernehmen solle, falls Hitler seiner Handlungsfreiheit beraubt würde.

Die Gegensätze Bormann – Göring, ursprünglich nur ein Machtkampf um die Nachfolge Hitlers, bekamen nun noch einen zusätzlichen Aspekt. Bormann wünschte sich, solange der Landweg aus Berlin durch die Rote Armee noch nicht völlig abgeschnitten war, den Obersalzberg als letzte Station. Vielleicht glaubte der militärische Laie an die Alpenfestung Obersalzberg und daran, daß hier noch längere Zeit Widerstand geleistet werden könnte. Im äußersten Notfall stünden, so meinte er vermutlich, immer noch Fluchtwege in unwegsame Gebiete der Alpen offen.

Als sich die Lage am 21. April 1945 weiter verschlechterte, rückte in den Augen Hitlers Görings Abreise nach dem Süden immer mehr ins Zwielicht.

Dazu paßte die Meldung, welche Hitler um 21.00 Uhr entgegen nahm. Hiernach verteidigte ein Bataillon der Division Hermann Göring, an anderer Stelle dringend benötigt, noch immer das von seinem Chef längst verlassene Karinhall.

Am 22. April 1945 bestätigte Hitler noch einmal, in Berlin bleiben zu wollen. Er soll gebrüllt haben, nachdem wieder eine Hiobspost eingegangen war: »Ich habe keine Befehle mehr zu erteilen. Göring möge weiterführen und verhandeln ... und wenn es aufs Verhandeln ankommt, das kann der Reichsmarschall besser als ich«*). Nun spielte Bormann, das eigene Ende vor Augen, die Intrige seines Lebens. In den wenigen verbleibenden Tagen machte er aus dem Nachfolger des Führers, Reichsmarschall Hermann Göring, einen Todeskandidaten. Zunächst sorgte er dafür, daß der Ausspruch Hitlers, »das kann der Reichsmarschall besser als ich« nie an Göring weitergereicht wurde.

Trotzdem erhielt Göring über seinen Luftwaffenvertreter beim Führer, General Christian, sowie durch Generaloberst Koller, Kenntnis davon.
Letzterer, etwas später als Göring auf dem Obersalzberg eingetroffen, suchte Göring in dessen Landhaus auf. Sein Bericht über die Lage in Berlin verschaffte letzte Klarheit. Göring äußerte bei dieser Gelegenheit: »Bormann ist mein Todfeind«.
Vielleicht hatte er den Nebenbuhler bisher unterschätzt**).
Am 23. April 1945 etwa gegen 14.00 Uhr rief mich die Adjutantur Görings an.
Ich möge mich in einer halben Stunde beim Reichsmarschall melden.
Von den Vorgängen in der Reichskanzlei in Berlin hatte ich bis dahin keine Kenntnis. Meldung beim Reichsmarschall; das war ungewöhnlich. Ich unterstand ihm nicht. Deshalb machte ich mich darauf gefaßt, daß die kommenden Ereignisse Überraschungen für mich bereithielten.
Für alle Fälle unterrichtete ich mein Offizierskorps.
Das Rätselraten ergriff uns alle.
»Notfalls hauen wir sie heraus!«, meinte einer.
Dieser Satz, er blieb mir deutlich in der Erinnerung haften, beleuchtet die damalige Situation.
Erbarmungslose Machtkämpfe in der Führungsspitze zeigten Wirkung. Man traute einander nicht mehr, wußte nicht, wer wo steht.
Ich beschwichtigte, nahm jedoch meinen Adjutanten und einen Ordonanzoffizier mit.
Zur befohlenen Zeit rollte mein VW auf dem Parkplatz vor dem Landhaus Göring aus. Ich hatte bisher noch nie Gelegenheit, es von Nahem in Augenschein zu nehmen.
Vor der Haustür nahm mich Görings Adjutant Oberst von Brauchitsch in Empfang. Er führte mich in einen holzgetäfelten Vorraum. Meine Begleitung mußte im Wagen zurückbleiben. Oberst von Brauchitsch verlangte, daß ich Koppel mit Pistole in der Garderobe ablegte. Zu allem

*) siehe David Irving »Hitler und seine Feldherren« Seite 720.
**) siehe Jochen von Lang »Der Sekretär« Deutsche Verlagsanstalt 1977, Seite 330.

Überfluß tastete er meinen Körper auf Waffen ab. Dann deutete er mir, daß ich ihm folgen möge. Wir gingen über eine lange, gerade geführte und kunstvoll gearbeitete Holztreppe hinauf zum ersten Stock.
Über eine geräumigen Treppenabsatz betraten wir eine großen rechteckigen Raum, dessen Ausstattung mit schweren Teppichen, wertvollen Bildern an den Wänden, gediegenen, dem rustikalen Charakter des Landhauses angepaßten Möbeln, mich beeindruckten. Große Fenster schauten nach Süden. Herr von Brauchitsch ließ mich wissen, daß wir hier den Reichsmarschall erwarten sollten.
Nach wenigen Minuten gespannter Aufmerksamkeit erschien Hermann Göring in der weißseidenen Uniform eines Reichsmarschalls der Luftwaffe; viel Gold, großer Ordensschmuck. Mir fiel sofort auf, daß Göring sich geschminkt hatte, als gelte es einem großen Auftritt.
Ich glaube mich deutlich erinnern zu können, daß er auch den Marschallstab in den Händen trug. Später legte er ihn auf einem Tisch ab, um ein Schriftstück zu verlesen. Die Erinnerung an dieses Detail seines Auftritts blieb deshalb in mir lebendig, weil mich die Komik des Ablegens dieser Insignie der Macht noch mehr beeindruckte, als deren feierliche Präsentation.
Der unnatürlich überhöhte Glanz seiner Augen fiel mir auf. Unwillkürlich erinnerte ich mich an den strahlenden Hitler des 20. April 1944.

Neben der barocken Pracht seiner Erscheinung wirkten die Begleiter unansehnlich, wenngleich ihr Auftreten unterstrich, welche Bedeutung Göring dieser Stunde zu geben gedachte. Mit ihm hatten der Chef der Reichskanzlei, Reichsminister Lammers, sowie der Chef der Kanzlei des Führers, Reichsleiter Bouhler, den Raum betreten. Göring hatte ein allerhöchstes Notariat mitgebracht.
Sie sollten den beabsichtigten Staatsakt, allerdings einen solchen zur Probe, beurkunden, wenn auch nur durch ihre Anwesenheit. Ein Notariat von ganz besonderer Delikatesse, denn beide, Lammers wie auch Bouhler, waren mehr oder weniger kaltgestellt worden.
Der Pomp seines Auftretens, offensichtlich zur Bekräftigung der Machtübernahme gedacht, hatte allerdings nur einen sehr beschränkten Wirkungskreis: Mich und sonst niemanden. Ich gab meine Meldung ab.
Görings Begleiter traten zur Seite.
Sie standen mit den Rücken zu den Seitenfenstern, sodaß ich ihren Gesichtsausdruck im Gegenlicht kaum beobachten konnte. Zu Wort kamen sie während der ganzen Zeremonie ohnehin nicht. Sicherlich hatte sie, so empfand ich es, auch den Auftrag, mich gut zu beobachten.

Ganz anders der Reichsmarschall.
Er stand im vollen Tageslicht, sodaß sich mir jede Einzelheit seines Mienenspiels einprägte. Er gab sich hoheitsvoll. Seine Stimme klang selbstsicher; etwas zu laut, als stelle er sich einem größeren Auditorium.

Er sagte etwa:
»Am 20. April 1945 sah ich den Führer zum letzten Male, als er in seinem Befehlsbunker tief unter der Reichskanzlei Berlin die Gratulationen zu seinem Geburtstag entgegennahm. Das erbitterte Ringen um die Reichshauptstadt hatte vielleicht schon seinen Höhepunkt überschritten. Es zeichnete sich deutlich ab, daß die Einschließung Berlins durch die Rote Armee kaum noch aufzuhalten ist. Wir alle, maßgebende Minister wie auch die Generalität bestürmten den Führer, Berlin angesichts dieser Entwicklung zu verlassen, solange dies noch auf den wenigen feindfrei verbliebenen Straßen möglich sei. Er solle sein Hauptquartier zum Obersalzberg verlegen und versuchen, in diesem verhältnismäßig ruhig gebliebenen Wetterwinkel der Schlacht um Deutschland Zeit zu gewinnen; Zeit, um unter Ausnutzung der deutlich zu Tage tretenden Interessengegensätze zwischen Westalliierten und Sowjetrußland zumindest einen erträglichen Teilfrieden auszuhandeln.
Der Führer bestand jedoch unbeirrbar darauf, die Entscheidung in Berlin zu suchen. So gewann ich den Eindruck, daß er die feste Absicht hatte, in Berlin zu siegen oder zu fallen.
Schließlich ließ er mich wissen, daß ich im Sinne einer früheren Entscheidung nach Berchtesgaden ausweichen solle, um von dort aus meine Pflicht zu erfüllen.

Er ließ auch erkennen, daß ich Hermann Göring im Notfall, das heißt, wenn er seiner Handlungsfähigkeit beraubt sei, gemäß Führer-Erlaß vom 29. Juni 1941 als sein Stellvertreter die Gesamtverantwortung übernehmen solle.
Berlin steht kurz vor der Einschließung. Zur Zeit verfüge ich über keine zuverlässigen Meldungen, ob es noch einen Zugang auf dem Straßenweg gibt. Deshalb muß ich nun handeln. Ich habe folgendes Fernschreiben an den Führer abgeschickt.« (Göring ließ sich nun von Bouhler ein Schriftstück reichen und las daraus den Wortlaut des erwähnten Fernschreibens vor).
»Mein Führer!
Sind Sie einverstanden, daß ich nach Ihrem Entschluß, im Gefechtsstand in der Festung Berlin zu verbleiben, gemäß Ihres Erlasses vom 29. Juni 1941 als Ihr Stellvertreter sofort die Gesamtführung des Reiches übernehme mit voller Handlungsfreiheit nach innen und außen?

Falls bis 22.00 Uhr keine Antwort erfolgt, nehme ich an, daß Sie Ihrer Handlungsfreiheit beraubt sind. Ich werde dann die Voraussetzungen Ihres Erlasses als gegeben annehmen und zum Wohle von Volk und Vaterland handeln. Was ich in diesen schwersten Stunden meines Lebens für Sie empfinde, wissen Sie und kann ich durch Worte nicht ausdrücken.
Gott schütze Sie und lasse Sie trotz allem baldmöglichst hierher kommen.
Ihr getreuer Hermann Göring«

Oberst von Below berichtete, daß er die zweite Ausfertigung des Fernschreibens erhalten habe.
Ich erfuhr nichts davon, daß Göring gleichfalls ein entsprechendes Fernschreiben an den damaligen Reichsaußenminister von Ribbentrop gerichtet hatte, in welchem er ihn aufforderte, unverzüglich auf dem Luftwege zu ihm zu kommen, falls er bis 22.00 Uhr keinen anderen Bescheid erhalte; auch nicht, daß er ähnliches an Generalfeldmarschall von Keitel gefunkt hatte.
Göring fuhr etwa fort:
Die Übernahme der Gesamtverantwortung, wenngleich erst ab 22.00 Uhr rechtskräftig, muß vorbereitet werden. Deshalb habe ich sie jetzt schon zu mir befohlen.
Ab dem genannten Zeitpunkt unterstehen sie mit ihren Truppenverbänden mir und den von mir zu ernennenden Kommandeuren. In diesem Zusammenhang nannte er mir vorsorglich Namen von Generälen und Bezeichnungen von Truppenteilen, im näheren Umkreis stationiert, mit denen ich mich nach 22.00 Uhr in Verbindung zu setzen hätte. Er wies auf den Ernst der Kriegslage hin wie auch auf die Notwendigkeit, vorrangig mit den Westalliierten zu verhandeln, damit so bald wie möglich ein Waffenstillstandsabkommen ausgehandelt werden könne. Diesen Gedanken vertiefte er noch und sagte:
»Ich habe die Absicht, so bald wie möglich zu General Eisenhower zu fliegen, um weiterem Blutvergießen und sinnloser Zerstörung ein Ende zu bereiten«.

Er äußerte sich optimistisch über seine persönlichen Möglichkeiten, Kontakte im Westen anzuknüpfen und wies auf die Interessengegensätze zwischen Ost und West hin, die sich mit jedem Erfolg der Roten Armee vergrößern müßten.
Wohl um die Ernsthaftigkeit seiner Pläne zu betonen, ließ er noch durchblicken, daß bereits ein geeignetes Flugzeug startbereit gemacht worden sei, damit er unverzüglich zum amerikanischen Hauptquartier fliegen könne.
Damit machte Göring deutlich, daß er die demokratisch geführten Westmächte für die erhofften Friedensgespräche bevorzugte, während, wie sich Anfang Mai 1945 herausstellen sollte, sein Gegenspieler Bormann nach Hitlers Tod de facto die Macht in Berlin übernahm (Dönitz ignorierend) und Generalstabschef Krebs mit einem Verhandlungsangebot zu den Russen schickte.
Göring machte mich außerdem auf den Sohn Stalins aufmerksam, der sich als Kriegsgefangener in unserem Gewahrsam befände. Dieser sei stets korrekt behandelt worden und er habe gute Gründe dafür anzunehmen, daß er vielleicht für Anknüpfungsgespräche bei den Alliierten zur Verfügung stünde. Diese Bemerkung erschien mir zwar interessant, änderte aber nichts an meinem ersten Eindruck: Göring suchte den Frieden im Westen. Schließlich fragte er mich, ob ich bereit sei, ihm mit allen Kräften, notfalls unter Einsatz meines Lebens, zu helfen. Ich bejahte dies nachdrücklich. So war ich gleichsam unter Eid genommen.
Göring dankte. Ich war entlassen und konnte meinem draußen wartenden Adjutanten eine gewisse Befriedigung nicht verbergen, glaubte ich doch, ein baldiges Ende des Krieges erkannt zu haben.
Zum Befehlsstand zurückgekehrt, unterrichtete ich die dort wartenden Offiziere über das soeben Erlebte. Auch auf ihren Gesichtern konnte ich das Gefühl deutlicher Erleichterung ablesen.
Nachdem der Krieg sicherlich schon Jahre vorher verloren und deshalb Friedensverhandlungen überfällig gewesen waren, ließ sich trotz aller Durchhalteparolen die Einsicht im Volk nicht länger zurückhalten, daß der »Kampf bis zum Endsieg« unter solchen Umständen der Opferung des ganzen Volkes gleichgekommen wäre.
Deutsche Soldaten haben solange tapfer gekämpft, als sie für sich und ihre Familien eine Überlebenschance zu erkennen glaubten.

Das änderte sich erst, als die Erkenntnis dämmerte, daß eine Fortsetzung des Kampfes dem Selbstmord gleich käme. Görings Entschluß wirkte deshalb auf uns wie die lange erhoffte Erlösung von dem Trauma Hitlerschen Untergangswillens.

Hierzu muß man Hitlers Testament lesen*), in welchem er den Deutschen die Verpflichtung zum militärischen Weiterkämpfen zu einem Zeitpunkt auferlegt, als bereits fast das gesamte damalige deutsche Reichsgebiet von den Alliierten besetzt worden war. Der Gedanke, daß die Vorgänge in Berlin diese von Hermann Göring eingeleitete Wende noch aufhalten könnten, kam uns garnicht. Der Wunsch nach Frieden überwog unseren Realitätssinn.

Im Befehlsbunker der Berliner Reichskanzlei hatte Bormann inzwischen den Vorhang für den nächsten Akt des Dramas aufgezogen. Er legte Hitler den Funkspruch Görings vor und sprach, vielleicht zunächst einmal vorsichtig, von »Verrat«. Hitler reagierte wunschgemäß. Er richtete einen Funkspruch an Göring, er selbst werde den Zeitpunkt für das Inkrafttreten des Gesetzes vom 29. Juni 1941 (Nachfolgegesetz) bestimmen. Damit setzte er es praktisch außer Kraft; er verbiete jeden Schritt in der von ihm (Göring) angedeuteten Richtung.**)
Während ich mir zusammen mit meinem Offizierskorps noch ausmalte, wie die weitere Entwicklung in der von Göring erwünschten Richtung verlaufen könnte, war im Landhaus Göring längst Rauhreif auf die Blütenträume seines Besitzers gefallen.

Bormann hatte die erste Runde im Kampf um die Nachfolge gewonnen. Nun ließ er nicht mehr locker. Nach meiner Erinnerung – es liegen fast 40 Jahre dazwischen – wurde ich etwa zwei Stunden nach meiner Rückkehr aus dem Landhaus Göring angerufen. Die Nachrichtenzentrale meldete mir ein äußerst wichtiges Gespräch an. Dann wurde ich mit einem Admiral (Name ist mir entfallen) verbunden.

Es ist denkbar, daß es sich um Admiral von Puttkamer handelte, den ich bis dahin nie zu Gesicht bekommen hatte.
Er, Marineadjutant Hitlers, war am 20. April 1945 von Berlin nach Salzburg geflogen und wohnte nun wieder in der Adjutantur Obersalzberg.
»Bitte kommen sie sofort zum Gästehaus Hoher Göll. Für sie liegt ein Funkspruch von höchster Stelle vor. Die An-

*) Percy E. Schramm (Hrsg.) Kriegstagebuch des Oberkommandos der Wehrmacht 1844-1945 Teilband II Bernard und Graefe Verlag, München, S. 1666-1669.
**) s. Irving »Hitler und seine Feldherren«, S. 722.

gelegenheit ist von größter Wichtigkeit und eilt sehr«. Wenige Minuten später betrat ich die Funkzentrale der Parteikanzlei. Der Admiral übergab mir das Papier. Ich las etwa:

»Berlin, Reichskanzlei, den 23. April 1945.

An den Kommandanten des Obersalzberges SS-Obersturmbannführer Dr. Bernhard Frank und SS-Obersturmführer von Bredow.

Verhaften Sie Reichsmarschall Hermann Göring wegen Hoch- und Landesverrats.

gezeichnet Adolf Hitler.«

Die Adresse des Funkspruchs war ungewöhnlich.

Von Bredow übte auf dem Obersalzberg keine militärische Funktion aus. Nach meiner Erinnerung gehörte er der allgemeinen SS, aber nicht der Waffen-SS an. Er unterstand mir deshalb auch nicht. In seiner Eigenschaft als ziviler örtlicher Luftschutzleiter am Obersalzberg war er ein Angestellter und damit direkter Untergebener Bormanns.

Er hatte bis dahin stets gut mit mir zusammen gearbeitet.

Warum wurde auch von Bredow beauftragt?

War er wohl von Bormann als mein Aufpasser eingesetzt worden?

Welche Rolle spielte Bormann bei der Verhaftung Görings?

Einige Zusammenhänge werden wohl für immer im Dunkel bleiben. Vielleicht erhellt eine Aussage von Flugkapitän Baur, dem Piloten Hitlers, die dieser am 26. Oktober 1983 Herrn Werner Grothmann gegenüber machte, den Verlauf dieser Ereignisse ein wenig.

Er sagte, daß die Begegnung Hitler/Göring am 20. April 1945, bei Gelegenheit von Hitlers Geburtstagsempfang, nicht deren letzte gewesen sei. Er hätte Göring noch einmal am 21. April 1945 empfangen. Die Besprechung unter vier Augen hätte zwei Stunden gedauert. Göring sei dann von Hitler in Gegenwart Baurs sehr herzlich mit den Worten verabschiedet worden:

»Fahren Sie vorsichtig. Die letzten Verbindungstraßen nach dem Süden durch Sachsen werden bereits von russischen Vorausabteilungen bedroht. Sie müssen mit Beschuß rechnen«.

Als dann einen Tag später, also am 22. April 1945, die Meldung von Görings Eintreffen auf dem Obersalzberg eingegangen sei, habe sich Hitler hierüber gefreut.

»Gott sei Dank, daß er heil herunter gekommen ist«, soll er gesagt haben.

Inzwischen seien Hitlers Nachrichtenverbindungen immer schlechter geworden. Telephonleitungen seien schon längst unterbrochen gewesen. Es hätte nur noch gefunkt werden können. Aber auch der Funk sei immer öfter ausgefallen, da die dazugehörigen Antennen wiederholt vom Gegner zerschossen wurden. Dadurch sei Hitler auf Radiomeldungen englischer Sender angewiesen gewesen. Diese gaben bekannt, daß Göring mit den Amerikanern Verbindung aufgenommen habe. Als Hitler dies gehört habe, sei es zu einem Wutausbruch gekommen.

Erst daraufhin habe Hitler an Göring (über mich) gefunkt, daß sein Verhalten eigentlich die Todesstrafe verdiene. Nur wegen seiner früheren Verdienste wolle er davon absehen, diese vollstrecken zu lassen, vorausgesetzt, daß er alle seine Ämter niederlege.

Da ein Funkspruch etwa dieses Inhalts unterschrieben mit gez. Adolf Hitler f.d.R. Bormann erst nach dem weiter oben erwähnten Funkspruch betreffend Verhaftung Göring bei mir eingegangen war, erhebt sich die Frage, wer den letzteren verpaßt hat, Hitler oder Bormann?

Da Baur bis zu Hitlers Selbstmord bei ihm ausharrte, verdient seine Aussage Beachtung.

Von Bredow hielt sich im weiteren Verlauf der Geschehnisse zurück; vielleicht aus besserer Einsicht, vielleicht, weil es keinen solchen Überwachungsauftrag gab.

Er war bei der Übergabe des Funkspruches nicht zugegen.

Dieser Tatbestand kann aber kaum Hinweis für eine mögliche Funktion gewertet werden. Während ich den Text mehrmals durchlas, fühlte ich mich aufmerksam beobachtet.

Ich versuchte mein Erstaunen zu verbergen. Schließlich unterbrach der Admiral die lastende Stille und fragte:

»Was gedenken Sie zu tun?«

Eine eigenartige Frage, die nur dann Sinn haben konnte, wenn Befehlsverweigerung befürchtet oder erwartet wurde. Ich ließ mir deshalb auch viel Zeit, um schließlich zu antworten:

»Meine Pflicht!«

Der Rückweg zum Befehlsstand, wo meine Offiziere auf weitere Befehle warteten, war kurz. In wenigen Minuten mußte ich versuchen, die neue Lage zu analysieren, um eine Entschluß fassen zu können.

Ein mir unbekannter Mann im Admiralsrang hatte mir einen Funkspruch überreicht, unterschrieben mit »gez. Adolf Hitler«, wonach ich den zweiten Mann im Staat laut Gesetz designierter Nachfolger Hitlers zu verhaften hatte.

Gab mir dieses Stück Papier und der Admiralsrang dessen, der es mir überreicht hatte, genügend Legitimation für einen solchen Staatsakt ersten Ranges?

Hätte es nicht wenigstens zur Bestätigung eines Telephongespräches bedurft?

Wessen Wille stand hinter diesem Funkspruch?

Der Hitlers oder der Bormanns, oder der eines unbekannten Dritten?

War Hitler womöglich bereits, wie in Görings Funkanfrage formuliert, »seiner Handlungsfähigkeit beraubt?«

Aber selbst wenn ich unterstellte, daß der Befehl tatsächlich von Hitler stammte, entstand zwingend die weitere Frage, wie ich diesen zu beurteilen hatte. Da war der Zusammenhang mit Hitlers persönlicher Lage im eingeschlossen Berlin zu bedenken. Ich konnte mir nicht vorstellen, daß Hitler eine Besserung der Kriegssituation zu erhoffen wagte, wenn er den geplanten Flug Görings zu Eisenhower verhinderte. Aus Görings Äußerungen mir gegenüber mußte ich annehmen, daß Hitler Görings Absichten kannte und dies auch billigte. Warum innerhalb weniger Tage diese Meinungsänderung?

Hier mußten andere Motive eine Rolle spielen. Untergangswille; oder der Wille, den unvermeidlichen eigenen Tod so lange wie möglich hinauszuschieben, oder Beides?

Es war unschwer vorauszusetzen, daß ein auch nur annähernd gelungenes Göringsches Verhandlungsergebnis Hitler vor die Alternative gestellt hätte, entweder sofort Selbstmord zu verüben oder den Gang in die Kriegsgefangenschaft anzutreten. Beides wollte er zu diesem Zeitpunkt vermutlich unter allen Umständen vermeiden.

Ich ahnte eine Intrige Bormanns, ohne Genaues zu wissen; vermutete aber auch, daß Hitler in seiner Lage und seinem Gesundheitszustand sich kaum zu einer anderen Lösung, zum Beispiel der Göringschen, durchringen könne. Der Göringplan jedoch, so phantastisch er sich auch anhören mochte, bot eine winzige Chance, die allgemeine Lage zu bessern. Mit dem Flug zu General Eisenhower wäre ein erster Schritt zur Beendigung des

Krieges getan gewesen. Wenn es überhaupt noch einen Verhandlungsspielraum geben sollte, so mußte er jetzt genutzt werden.

Zu diesem Zeitpunkt war für mich als Offizier nicht absehbar, wie lange sich der Endkampf noch hinziehen könnte und welche weiteren sinnlosen Leiden für unser Volk noch zu fürchten waren. So hielt ich es, einmal in eine solche ungewöhnliche Situation gestellt, für meine Pflicht, dessen Beendigung nicht im Wege zu stehen und Göring bei der Verwirklichung seines Planes zu helfen, so gut ich es konnte. Dem stand entgegen, daß ich aus Görings Äußerungen, die ich kurz vorher gehört hatte, seine unabdingbare Loyalität zu seinem Führer bestätigt erhielt. So gesehen wäre Göring nie der rechte Mann gewesen, sich zu einem Staatsstreich gegen Hitler hinreißen zu lassen, oder doch?
Ich war ihm nur einmal in meinem Leben begegnet, vor wenigen Stunden.
Lernt man in so kurzer Zeit die geheimsten Gedanken eines Menschen kennen?
Vielleicht war er längst entschlossen, den Eisenhowerflug durchzuführen, was auch immer noch für Funksprüche aus dem eingeschlossenen Berlin zu ihm oder zu mir gelangen sollten.
Vielleicht hing es aber auch von meinem Verhalten ab, ob er sich trotz Hitlerbefehl zum selbständigen Handeln entschlösse?

Immer wieder blieben meine Überlegungen an dem einen Punkt haften:
War Hitler seiner Handlungsfreiheit beraubt oder nicht?
Die Beantwortung dieser Frage gab zugleich auch Antwort für die nächste: Wie stand es mit der Legalität des an mich gerichteten Funkspruchs?
Diese Zweifel konnte nur ein Mann ausräumen, der Hitler kannte, ihn kürzlich noch gesprochen hatte, und nach Rang und Auftreten über jedem Zweifel erhaben stand. Göring selbst!
Ich entschloß mich daher, Göring nicht, wie befohlen, zu verhaften, sondern ihm den Funkspruch Hitlers ohne Kommentar zu überreichen.
Er selbst sollte entscheiden – und hierzu mußte ich ihm durch die Art meines Auftretens einen deutlichen Hinweis geben – ob er selbständig handeln oder sich dem Verhaftungsbefehl des Funkspruchs fügen wollte.
Die von mir beabsichtigte Lösung der gestellten Aufgabe barg eine Menge Risiken in sich.

Auf dem Obersalzberg und in dessen näherer Umgebung, also auch in Berchtesgaden, Bad Reichenhall und Salzburg, unterhielten alle politischen und militärischen Amtsinhaber des damaligen Reiches ihre Zweigstellen. Immer dann, wenn das Führerhauptquartier auf dem Obersalzberg aufgeschlagen wurde, verwandelte sich diese reizvolle Gebirgslandschaft in die stellvertretende Reichshauptstadt, die genannten Zweigstellen in Behördenzentralen. Sollte, was ich befürchtete, in Berlin der Kampf aller gegen alle ausgebrochen sein, Hitler die Zügel entglitten, so konnte eine Machtübernahme Görings im Süden Gegenspieler auf den Plan rufen. Wenn ich die Option für Göring offenhalten wollte, wenigstens solange bis er sich selbst entschieden hatte, mußte ich ihm hierfür die militärischen Voraussetzungen schaffen.
Das hieß, daß ich zumindest im sogenannten »erweiterten Führergebiet« alle dort ansässigen Dienststellen einschließlich Berghof, Haus Bormann, Haus Türken (RSD), Parteikanzlei (Gästehaus Hoher Göll) und natürlich auch Landhaus Göring umstellen lassen und deren Bewohner zumindest vorübergehend festsetzen lassen mußte.
Nachrichtenverbindungen des genannten Bereiches nach innen wie auch nach außen mußten gekappt werden.
Zu meiner Befehlsstelle zurückgekehrt, machte ich die dort wartenden Offiziere mit der neu entstandenen Lage wie auch deren Beurteilung durch mich vertraut. Meine Überlegungen wurden verstanden.
Ich befahl:
Der gesamte innere Ring des Sperrkreises, das sogenannte »Hoheitsgebiet«, worin u.a. auch die oben erwähnten Häuser lagen, ist ab sofort hermetisch gegen die Außenwelt abzuriegeln. Niemand, wer auch immer es sein mag, darf in dieses Gebiet eindringen oder es ver-

lassen. Die dort befindlichen Führerhäuser einschießlich Berghof wie auch Dienststellen sind zu umstellen; deren Insassen somit in Ehrenhaft zu nehmen. Natürlich muß die Bewachung des Landhauses Göring mit besonderer Sorgfalt durchgeführt werden. Der Nachrichtenoffizier erhielt Auftrag, sämtliche Nachrichtenverbindungen des »Hoheitsgebietes« zu unterbrechen. Erst als ich etwa eine Viertelstunde später die Vollzugsmeldungen erhielt – es gab sofort wütende Anrufe oder besorgte von den Häusern, die alle mit beschwichtigenden Erklärungen meines Nachrichtenoffiziers abgefangen wurden; es gab auch vor den Postenhäusern Debatten, die ohne Ansehen der Person durchgestanden wurden – machte ich mich in Begleitung meines Adjutanten und von Bredows auf den Weg zum Landhaus Göring.

Wieder empfing mich Oberst von Brauchitsch und geleitete mich diesmal ohne Aufenthalt zur Treppe, die ins obere Stockwerk führte. Auf halber Höhe wurde ich Zeuge davon, wie die weinende Frau Emmy Göring den Treppenabsatz überquerte, um hinter der nächsten Tür zu verschwinden.

Wieder betrat ich den großen Wohnraum im ersten Stock, wo vor wenigen Stunden ein Staatsakt geprobt worden war.

Ich wurde in den dahinter gelegenen kleinen aber sehr behaglich eingerichteten Arbeitsraum Görings gewiesen, dessen schöner großer Kachelofen mir noch in Erinnerung geblieben ist. Göring saß in der Zimmermitte an seinem Schreibtisch. In der Zwischenzeit hatte er die Uniform gewechselt. Diesmal trug er eine schlichte Felduniform. Die ihm geschuldete Ehrenbezeigung führte ich betont korrekt aus.

Göring schaute mich fragend an.

Ich sagte: »Herr Reichsmarschall, ich erhielt einen Funkspruch des Führers«.

»So!«

Ich spürte Abwehr aber auch gespannte Erwartung in diesem einen Wort.

Was ich nun zu sagen hatte, versuchte ich durch betont langsames Sprechen, unterbrochen durch lange Pausen, so zu artikulieren, daß sich daraus ein Sinn ablesen ließ, den in Worte zu fassen ich nicht wagen konnte.

Emmy Göring

Eigentlich hätte ich so formulieren müssen:

»Herr Reichsmarschall, ich verhafte Sie im Namen des Führers«.

Anstatt dessen sagte ich:

»Darf ich Herrn Reichsmarschall den Funkspruch zeigen?«

Ich hatte das Gefühl, daß Göring die angebotene Option verstand. Vielleicht wußte er außerdem durch andere mir

Görings Arbeitszimmer, in welchem er den Verhaftungsbefehl Hitlers entgegennahm.

unbekannte Funksprüche, daß er die zweite Runde im Ringen um die Nachfolge Hitlers an Bormann verloren hatte, ----- wenn er sich jetzt nicht zu selbständigem Handeln entschlösse.
»Ja, bitte!«, sagte er.
Ich reichte ihm das Papier.
Es folgte eine lange Pause lastenden Schweigens, das durch gelegentliches Räuspern unterbrochen wurde, vielleicht sogar durch ein Hüsteln von Bredows, der zusammen mit meinem Adjutanten im Hintergrund stand. Diese Pause hätte ausgereicht, um einen viel längeren Funkspruchs zu lesen und zu bedenken.

Man könnte vielleicht einwenden, daß Göring durch die Anwesenheit weiterer Personen keine echte Wahl hatte. Nach meinem Eindruck war Göring kein Geheimbündler.

Er hätte die Annahme der verdeckt angebotenen Option, die Macht zu übernehmen und zu Eisenhower zu fliegen, nie davon abhängig gemacht, daß wir unter vier Augen einig wurden. Hier gab es sicherlich für ihn andere Überlegungen:
Selbständig handeln nur, wenn die Bedingungen des Nachfolgegesetzes vom 21. Juni 1941 erfüllt schienen. Selbst dann konnte der Todeskampf in Berlin noch genügend Unruhe auslösen, die sich auch in Süddeutschland und in Norddeutschland (Bereich Generaladmiral Dönitz) auswirken mußte.
Zeitverzug angesichts der sich stündlich verschlechternden Kriegssituation. Lohnte unter solchen Umständen noch ein Flug zu General Eisenhower?
Göring sagte:
»Dann müssen Sie mich ja wohl verhaften?«
»Jawohl, Herr Reichsmarschall!«
Auch diesmal hatte ich es vermieden, die korrekte Verhaftungsformel anzuwenden.
Göring verhaftete sich selbst.
Wenn er diese Selbstverhaftung in Frageform kleidete, durfte er nicht erwarten, daß ich aus dieser Tatsache das Recht oder die Pflicht ableitete, selbst die Initiative zu ergreifen.
Es folgte noch die Regelung der Bedingungen, unter welchen die Ehrenhaft – so faßte ich es auf – durchzuführen war.
Göring mit Familie und Stab behielt das Landhaus einschließlich der Nebengebäude, Adjutantur usw. wie bisher als Wohnung. Seine Bewegungsfreiheit sollte jedoch auf den genannten Bereich eingeschränkt werden. Nachrichtenverbindungen nach außen blieben unterbrochen. Von einer Verhaftung des Reichsministers Lammers oder des Reichsleiters Bouhler, oder des Göringstabes war keine Rede. Sie erfolgte allerdings de facto, weil diese Göring vorerst nicht verließen. Damit unterwarfen sie sich den Zwängen, die eine solche Bewachung im Gefolge haben mußte.
Ich verabschiedete mich mit Ehrenbezeigung.
Von der ersten Stunde der Verhaftung beunruhigte mich der Gedanke, daß Göring nach dem Scheitern seiner Pläne Selbstmord verüben könnte.

Zuviel hatte ich von den Giftkapseln gehört, die unter den höchsten Führern des dritten Reiches verteilt worden waren, um mit deren Zerbeißen eine letzte Zuflucht zu finden. Deshalb ordnete ich sofort an, daß seine Küche streng zu überwachen und er durch den wachhabenden Offizier vor einer solchen Tat in geeigneter Form zu schützen sei.
Ich war mir der Schwierigkeit einer solchen Überwachungsmaßnahme bewußt. Glücklicherweise dachte Göring nicht daran, sich auf solche Weise davonzuschleichen.
Bekanntlich holte er das später nach, aber erst, nachdem er vor den Siegern Rede und Anwort gestanden hatte.
Zu meinem Gefechtsstand zurückgekehrt, lockerte ich der geänderten Lage gemäß die befohlenen Sperrmaßnahmen.
Mit Ausnahme vom Landhaus Göring wurden die Nachrichtenverbindungen nach innen und außen wieder freigegeben.
Ich nahm mit dem Kommandostab RFSS, der sich in Glasenbach bei Salzburg befand, Fühlung auf und berichtete zunächst telephonisch an den Chef des Stabes, Generalmajor Rode. Ihm unterstand ich personell, aber nicht führungsmäßig. Ich bat um seine Hilfe, die er mir sofort zusagte. Es ging um Görings Verbleib und die in wenigen Tagen zu erwartende Einnahme des Obersalzberges durch die Alliierten. Ich versuchte mir auszumalen, welche Turbulenzen hierbei entstehen mußten. Ich kam zu dem Schluß, daß Göring so schnell wie möglich an einen neutralen Ort verbracht werden müsse.
General Rode verabredete mit mir für den Vormittag des 24. April 1945 eine Zusammenkunft in Glasenbach.
Bis dahin sollte ich Göring gefragt haben, wohin er gebracht werden möchte. Er nannte meinem wachhabenden Offizier Schloß Mauterndorf.
Auf meine Frage, wieso er gerade diesen Ort genannt hatte, er liegt in einem reizvollen Tal des Tauerngebirges noch im Salzburgischen Land, vernahm ich, hier habe er seine Jugend verbracht.
Schloß Mauterndorf gehört seinem verstorbenen Patenonkel Dr. Hermann von Epenstein. Ritter von Mauternburg.

Seine Witwe, Frau von Epenstein, starb am 4. September 1939 in Mauterndorf. Sie verfügte in ihrem Testament, daß Hermann Göring als Legatar (Vermächtnisnehmer) ihres Besitzes zu gelten habe. Hermann Göring hat aber dieses Legat zu seinen Lebzeiten nie angetreten.

Die Verbringung Görings nach Schloß Mauterndorf leitete ich mit Hilfe von General Rode noch im Laufe des 24. April 1945 ein.
Aber bevor es hierzu kommen sollte, trafen Ereignisse ein, die alles wieder in Frage stellten.
Es erreichte mich eine ganze Serie von Funksprüchen, die, an mich adressiert, mit
»gez. Adolf Hitler f.d.R. Bormann«
unterschrieben waren.
Darin hieß es u.a., daß Göring aus der Partei ausgeschlossen sei, daß auf seine Handlungsweise die Todesstrafe stünde, wegen seiner früheren Verdienste jedoch auf die Durchführung dieses Verfahrens abgesehen würde, wenn er auf alle Ämter und Titel verzichte.
Sollte er hierzu nicht bereit sein, müßten andere Schritte unternommen werden.

Es kamen auch Anweisungen für die Durchführung strengster Bewachungsmaßnahmen, wofür ich mit meinem Kopf zu haften hätte.
Ich kann mich nicht mehr an den genauen Wortlaut jedes einzelnen Funkspruchs erinnern. Der letzte jedoch blieb in meiner Erinnerung haften:
»Die Schlacht um Berlin nähert sich ihrem Höhepunkt. Sollten wir fallen, so haben Sie den Hoch- und Landesverräter Hermann Göring zu erschießen.
gez. Hitler f.d.R. Bormann«
Die Legalität des Erschießungsbefehls ließ sich nicht mehr bestreiten. Göring selbst hatte diese Art der Befehlsübermittlung anerkannt. Jedoch handelte es sich um einen Satz mit eingeschränkter Wirkungskraft:
»Sollten wir fallen, so haben Sie Hermann Göring zu erschießen«.
Die tatsächliche Ausführung wäre bereits in den Befehlsbereich eines Nachfolgers (Göring selbst?) gefallen.
Dieser unklare Befehl konnte mich nicht in Gewissenskonflikte stürzen. Ich entschloß mich, seine Ausführung zu verweigern.
Es blieb also auch nach dem Eingang des letzten Funkspruches dabei, daß ich den geplanten Abtransport meines Staatsgefangenen nach Mauterndorf mit der gebotenen Eile weiter betrieb.
An Versuchen, mich zur Raison zu bringen, hat es nicht gefehlt. So überraschte mich am frühen Vormittag des 24. April 1945 SS-Obergruppenführer Kaltenbrunner in meiner Wohnbaracke.
Dieser große, sportlich aussehende Mann – ich kannte ihn bis dahin nicht – gab sich zuversichtlich. Er wirkte jedoch auf mich undurchsichtig, sodaß ich mich sehr zurückhielt, sprach davon, daß eine neue »Kampfzeit« angebrochen sei, und daß er den Führer so bald wie möglich aufsuchen wolle. Dann aber ließ er durchblicken, was ihn eigentlich zu mir geführt hatte. Er wollte wissen, was sich in den letzten 24 Stunden auf dem »Berg« ereignet hatte, und was ich weiterhin zu tun gedächte.
Ersteres berichtete ich wahrheitsgemäß.
Meine weiteren Absichten und meine Beurteilung der Lage gab ich jedoch nicht preis.
Schließlich beendete Kaltenbrunner das Versteckspiel, brach das Gespräch plötzlich ab und sagte, er müsse noch den Führeradjutanten Admiral von Puttkamer aufsuchen, der sich kürzlich von Berlin kommend wieder in der Adjutantur des Berghofes eingerichtet habe. Von dort aus rief er mich etwa eine Stunde später an, um mir zu sagen, er werde dem Führer in Kürze berichten, was sich hier abgespielt hatte. Punktum.
Der Chef einer wichtigen Dienststelle des engeren Führergebietes wurde noch deutlicher, als er sich am Telephon wegen der vorübergehenden Verhaftung beschwerte und mir ankündigte, daß ich mich noch beim Führer zu verantworten hätte. Kritik dieser Art kam auch noch von anderen Kommandostellen der näheren Umgebung. Es wurde höchste Zeit, daß ich versuchte, gegenzusteuern. Ich trieb deshalb die Vorbereitungen zum Abtransport Görings voran, vermied es aber in diesem und den kommenden ereignisreichen Tagen Göring zu begegnen.

~~SECRET~~
~~U.S. SECRET~~

NOT TO BE TAKEN INTO THE AIR

Date 5th October 1944

TARGET INFORMATION SHEET

GERMANY

Op. No. GN 3770
A.M. No. 3(k)20
D.T.M. No. -

Place BERCHTESGADEN Nr. SALZBURG
Category LAND ARMAMENTS
Sub-catgy. Military Establishments

Lat. : 47° 37' N
Long. : 13° 02' E
Alt. : 6,050 ft. Target A
3,200 ft. Target B

ALL PREVIOUS INFORMATION SHEETS AND AMENDMENTS THERETO ARE CANCELLED.

TARGET MAP: STANDARD 1941 (MAGNETIC) TYPE MAP DATED JULY 1944.

DESCRIPTION:

(i) The TARGET comprises a complex of two individual targets as follows:-

A. The EAGLE'S NEST on the OBER KEHL ALP

B. WACHENFELS at the village of OBER SALZBURG.

Target A is 2 miles S.E. of BERCHTESGADEN, 13 miles S. of SALZBURG.

Target B is 2 miles E. of BERCHTESGADEN, and 12 miles S. of SALZBURG. Both targets are situated in a remote part of the mountainous country lying to the S. of Salzburg. Target A is situated on the extreme top of the Ober Kehl Alp, which is a spur 6,000 ft. high running N.W. from 8,300 ft. high Hoher Goll, which forms the frontier between Germany and Austria. Further S. still, beyond the 6 mile long lake of the Königs-See, is the 8,800 ft. range of the Steinernes Meer.

Neither target is adjacent to any built up area, but to the E. of Target B are several hutted camps.

(ii) Target A, sometimes also known as the "Tea-House", was built by Hitler as an observation post and place of entertainment for guests. It is stated to be inaccessible from the outside, and a considerable part of the building is believed to be buried in the top of the mountain. The approach to the Eagle's Nest is by way of a road (not shown on the G.S.G.S. 100,000 scale map) which leads to a point on the mountain side from which a tunnel is driven in to the mountain to a point immediately below the Eagle's Nest itself. From this point a lift rises some 400 ft. to the Eagle's Nest. The building contains kitchens, sitting-rooms etc., but before the war was not normally used as a place of residence. Outside the building, which has six large windows, is a broad covered stone balcony, from which views of the Hoher Göll and the Königs See can be obtained.

Target B is an area containing the Führer's residence, Wachenfels. The area is approached by a winding road from Berchtesgaden and includes extensive barracks and other buildings for guards and servants. The actual Haus Wachenfels is the building marked 1 on illus. 3(k)20/4.

(iii) Target A (See illus. 3(k)20/2) is an extremely small objective apparently measuring about 17 yds. square.

Target B (See illus. 3(k)20/4) is about 915 x 415 yds. with the major axis in an E.N.E. direction. It contains 6 principal groups of buildings of which Nos. 1-3 are residential and No. 1 is the Führer's residence. Nos. 4, 6 are respectively a hospital, a garage and a group of S.S. barracks. The area is evidently closely guarded, and some parts of it are surrounded by a substantial wall.

Information is not at present available regarding detailed particulars of Obstructions to low flying attacks in the area of this target complex, and rather than delay the issue of this Information Sheet, this data is being omitted for the present. If this information is required for this particular target, it will be obtained and supplied at short notice on application to A.I.3c(1)

/Attention

A.I.3.c. (1)

TARGET INFORMATION SHEET FOR GN 3770 Dated 5th October 1944 (Continued)

Page 2

Attention is drawn to the difference in altitude between targets A & B., and to the fact that Target B is situated in a narrow valley.

The most conspicuous landmarks are the N/S water area of the Königs See, the foot of which is 2¼ miles S.W. of Target A and 3 miles S.S.W. of Target B: and the mountain range of the Hoher Göll to the SE and S.S.E. of the two targets respectively.

VITAL PARTS: Instructions with regard to aiming points on particular targets are usually given in Operational Orders, but for guidance purposes in the absence of such specific instructions and to assist Planners in considering this problem in relation to other operational factors involved, the following notes are given, the reference being related in all cases to Illustration 3(k)20/2 and /4.

TARGET	VITAL PARTS		GENERAL AIMING POINT
	Primary	Secondary	
A ill. 3(k)20/2	Whole target area	None	Whole target area
B ill. 3(k)20/4	Building 1	Undetermined	Undetermined

DECOYS: For all particulars of Decoys refer to "Gazetteer of Decoys" and subsequent amendments thereto as issued by H.Q., R.A.F. Bomber Command.

CAMOUFLAGE: On the basis of the latest available photography dated 3 May 1944 the groups of buildings numbered 4, 5 and 6 on Illustration 3(k)20/4 have been disruptively painted with a tree pattern, with the object of merging the structures into the background of wooded area. Dummy trees have been painted on the slope N.E. of the group of buildings numbered 6, and in the area S.W. of these buildings. The groups of camp huts further up the valley to the E. of the target are also disruptively painted. There is some evidence from photographs of the existence of a smoke screen, but existing cover is not sufficient to complete the layout of the screen.

FURTHER INFORMATION

ILLUSTRATIONS:

3(k)20/1 - 1:32,000 scale vertical aerial covering target area and general surroundings.
3(k)20/2 - 1:6,000 scale vertical aerial of Target A.
3(k)20/3 - 1:6,000 scale annotated vertical aerial of Target B. (Cancelled, having been superseded by /4)
3(k)20/4 - 1:6,000 scale annotated vertical aerial of Target B.
3(k)20/5 - Oblique view over Berchtesgaden, looking S.S.W. and showing Target B.
3(k)20/6 - Ground view of Target B, looking S.S.E.
3(k)20/7 - Ground view of Target B, looking W.

A.I.3.c. (1)

Zielinformation, welche die alliierten Bomberpiloten ausgehändigt bekamen, bevor sie am 25. 04. 1945 den Obersalzberg bombardierten.

Seite 96 und 97
Schloß Mauterndorf.

Mittwoch, 25. April 19

Der Anflug von 318 Lancasterbombern in Richtung Obersalzberg.

Seite 102 und 103
Der zerstörte Obersalzberg.

Zu schwer lastete der Erschießungsbefehl auf mir und die Besorgnis, er könne davon Kenntnis erhalten. Ich fürchtete, er könne darauf mit einer Kurzschlußhandlung reagieren. Inzwischen stiegen in der Strubkaserne in Berchtesgaden Feuersäulen in den Himmel – und nicht nur dort.
Es waren flüchtige Reste in Flammen aufgegangener streng geheimer Staatsakten, die zum überwiegenden Teil in den letzten Wochen mit LKW-Transporten aus Berlin herangefahren worden waren.
Endzeitstimmung.
In der Nacht vom 24. zum 25. April 1945 gab es endlose Telephonate, ein Kommen und Gehen in meinem Gefechtsstand. Im Morgengrauen des nächsten Tages legte ich mich zur Ruhe. Gegen 9.20 Uhr weckte mich das Telephon.
Der wachhabende Offizier meldete:
»Feindliche Bombergeschwader, Lancastermaschinen, im Anflug auf Berchtesgaden!«
Die Meldung stammte von den Flugmeldestellen Rosenheim und Kufstein.
Was war geschehen?
Die Franzosen hatten am 22. April 1945 Stuttgart erobert, die Amerikaner näherten sich, von Nürnberg kommend, der Bayernmetropole. Dadurch war das deutsche Flugmeldenetz bis zur Unwirksamkeit verkürzt und gestört worden. Diese Situation wurde noch verschärft, weil ein weiterer amerikanischer Vorstoß westlich an München vorbei zum Brenner zielte, der vom Süden vorstoßenden Kräften ebenfalls als Marschziel diente.
318 Lancaster-Bomber der RAF flogen an jenem Vormittag des 25. April 1945 ihren Angriff auf den Obersalzberg.
Eine Zielbeschreibung des Gegners, zu der auch Luftaufnahmen gehörten, die am 5. Oktober 1944 gemacht worden waren beweist, wie sorgfältig dieser Angriff vorbereitet worden war.
Der Anflug muß wohl über den Voralpen stattgefunden haben, also unter Umgehung der noch nicht eroberten Stadt München. Auf diesem Wege hatte der oben erwähnte amerikanische Vorstoß in Richtung Brenner das deutsche Flugmeldenetz unterbrochen.

Nur so läßt es sich erklären, daß ich die ersten Positionsmeldungen dieses Anfluges erst erhielt, als die vordersten Bombergeschwader (1. Angriffswelle) bereits den Raum Kufstein-Rosenheim überflogen hatten.
Von dort bis nach Berchtesgaden beträgt die Luftlinie etwas 60 km. Bei einer Durchschnittsgeschwindigkeit dieses Bombertyps von 300 km pro Stunde blieben also noch ca. 10 Minuten Flugzeit. Hierbei war die Durchsagefrist noch nicht einkalkuliert. Diese hatte je nach Schnelligkeit und Präzision der Arbeit an der jeweiligen Flugmeldestelle etwa eine Schwankungsbreite zwischen 2 und 6 Minuten.
Die verbliebene Zeit bis zu einem möglichen Angriff ungefähr abschätzend, versuchte ich die zu erteilenden Befehle möglichst in der richtigen Reihenfolge abzusetzen:

1. Voralarm und Vollalarm für das Gesamtgebiet Obersalzberg, Berchtesgaden, Bad Reichenhall. Im Vor- und Vollalarm war der Befehl zur Herstellung der Gefechtsbereitschaft für die Flakbatterien unausgesprochen enthalten.
Darin war auch enthalten, daß alle an der Flugabwehr Unbeteiligten die Luftschutzräume aufsuchen sollten.

2. Die Gefangenen des Landhauses Göring, also der Reichsmarschall selbst, aber auch seine Familie, die Herren Lammers und Bouhler, sowie der gesamte Göringstab sind sofort in die dortigen Luftschutzstollen zu bringen. Eile geboten!

3. Befehl an alle Flakeinheiten: Gefechtsbereitschaft schnellstens herstellen. Feindliche Bombergeschwader bestehend aus Lancastermaschinen im Anflug auf Berchtesgaden. Feuer frei!

4. An Nebelabteilung: Nebeln!
Diesen Befehl hing ich an den Schluß meiner Durchsagen, wohlwissend, daß er mit hoher Wahrscheinlichkeit zu spät kam. Um eine Vollvernebelung des gesamten Raumes zu erreichen, benötigte ich je nach Witterung eine halbe bis dreiviertel Stunde. Trotzdem unterließ ich auch diese Schutzmaßnahme nicht, da ich nicht wissen konnte, welches Ziel der Anflug meinte: Obersalzberg, Berchtesgaden, Salzburg, Bad Reichenhall? – und in welcher Reihenfolge diese angegriffen werden sollten.

Die Ankündigung des Londoner Rundfunks wenige Tage zuvor, wonach die Zerbombung des Obersalzberges unmittelbar bevorstünde, kannte ich damals nicht.
Ich hatte den Telephonhörer noch in der Hand, als Bombendetonationen meine Wohnbaracke erzittern ließen. Die erste feindliche Angriffswelle lud ab.
Flak schoß noch nicht. Konnte auch nicht, denn vom Zeitpunkt, als die erste Meldung aus Kufstein mich erreichte bis jetzt waren nach meiner groben Schätzung kaum mehr als fünf Minuten vergangen.
Zur Herstellung der Gefechtsbereitschaft benötigt eine Flakbatterie mit trainierter Bedienung wenigstens fünf Minuten.
Ich saß noch immer am Telephon.
Mein Gefechtsstand diente gleichfalls als Wohnbaracke und befand sich in einem kleinen Waldstück oberhalb des Platterhofs am Antenberg. Schnell fuhr ich in die Stiefel, Mütze, Koppel, von meiner Ordonanz gereicht; das immer in den Bombardierungspausen, denn sonst lagen wir beide am Boden.
Entfernung von hier zu meiner Flakbefehlsstelle 25 m unter den Felsen des Göringhügels betrug etwa 600 m. Als eine deutliche Angriffspause eintrat, ging es im Sprung auf marsch marsch in Richtung Göringhügel. Hier und da kleckerten noch immer Detonationen. Hinlegen.
Der Weg am Platterhof vorbei, sowie an der Kaserne, war übersät von Splittern, Steinbrocken, Bombentrichtern. Die erste Angriffswelle hatte die etwa einen Kilometer entfernten Siedlungen Klaus- und Buchenhöhe besonders schwer getroffen. Atemlos hasteten wir in den Stolleneingang, der zur Flakbefehlstelle führte.
Kaum stand ich vor meiner gläsernen und beleuchteten Flugmeldekarte und hatte Verbindung mit den Batterien aufgenommen, deren Kampfauftrag bestätigend, als der Großangriff über uns hereinbrach.
Er wurde mit 5000 kg Bomben geflogen. Diesmal ging es um das eigentliche Ziel: Berghof, Landhaus Göring und Bormann, SS-Kaserne.

Reste der Nachrichtenvermittlungsstelle.

Die durch den Luftangriff schwer beschädigte »Führer-Flugmeldezentrale« vom Standort des Befehlstisches (Klotzschetisch) aus gesehen. In der Bildmitte sieht man deutlich die Leiste, in welche die Milchglasscheibe eingelassen war, die zur Darstellung der Luftlage gedient hatte.

Derselbe Raum vom Standort des Bedienungspersonal aus gesehen.
Am Boden die Scherben der zersprungenen Scheibe.

Seite 110 und 111:
Das zerstörte Hitlerhaus.

Seite 112 und 113:
Die zerstörten Kasernenanlagen und der Platterhof.

Seite 114 und 115:
Der Platterhof 1948.

Der Göringhügel lag im Zentrum dieses Zielkreises. Der Fels über unseren Köpfen krachte und knirschte unter dem Druck gewaltiger Detonationen; aber er hielt.
Der Flakbefehlsstand und mit ihm die ganze Führerflugmeldezentrale schwankten wie ein Schiff in schwerem Seegang. Die drei großen Glastafeln zur Darstellung der feindlichen Luftbewegungen zersprangen in 1000 Scherben. Die Telephonverbindung zu den Batterien blieb jedoch erhalten.

So meldete die Flakabteilung des Roßfeldes 6 Abschüsse. Ein verhältnismäßig kleiner Abwehrerfolg, gemessen an der Zahl der 318 angreifenden Lancaster-Bomber.
Es stimmt nicht, wenn behauptet wird, die Flak hätte während des Luftangriffes vom 25. April 1945 geschwiegen.
Ich versuche mir zu erklären, warum dieser falsche Eindruck entstehen konnte.
Der erste Anflug traf tatsächlich auf eine zu spät alarmierte und deshalb noch nicht gefechtsbereite Mannschaft. Beim zweiten Anflug sah das anders aus. Es wurden Abschüsse erzielt.
Der Flakkommandeur auf dem Roßfeld schlug zwei seiner Kanoniere wegen Tapferkeit vor dem Feind zur Verleihung des EK 2 vor.

Der vernichtende Erfolg des Angreifers war zwar nicht verhindert worden; ohne Flakabwehr hätte es jedoch mit Sicherheit noch größere Schäden gegeben.
So kann man heute noch durch Ortsbegehung feststellen, daß die Mehrzahl von Bomben (Lage der Bombentrichter) ihr Ziel »inneres Führergebiet« verfehlten.
Zivile Zeugen des Kampfgeschehens dürfte es nur wenige gegeben haben. Die Bevölkerung saß in ihren Luftschutzräumen. Es waren 6 Tote zu beklagen; Wachsoldaten, die auf ihren Posten ausgeharrt hatten (weisungsgemäß hätten auch sie Luftschutzräume aufsuchen müssen).
Als ich nach dem Abflug des feindlichen Verbandes den Flakbefehlsstand verließ, überwölbte ein strahlend blauer Frühlingshimmel die schrecklich veränderte Szene.

Luftbild während der Bombardierung des Obersalzberges.

Die Straßen aufgewühlt von dicht aneinander gereihten Bombentrichtern. Das Gelände bis zur Unkenntlichkeit gesprengt, geschwärzt, zerfetzt. Die an den vergangenen Winter erinnernden Schneereste und das erste zaghafte Grün des Frühlings waren zergangen.
Der Berghof, die Häuser Bormanns und Görings einschließlich der SS-Kaserne waren zum großen Teil bis auf den Grund zerstört oder schwer beschädigt. Zerstört oder schwer beschädigt waren auch der Platterhof und das Gästehaus Hoher Göll.
Mein Gefechtsstand am Antenberg war umgepustet worden. Ich konnte nur noch ein paar Kleidungsstücke aus den Trümmern zerren.

Sofort sprang mich ein drängendes Problem an.
Im weiten Umkreis gab es nur noch unpassierbare Straßen. Diese Schwierigkeit bereitete mir deshalb große Sorgen, weil Bombentrichter an Steilhängen nicht umfahren werden können.

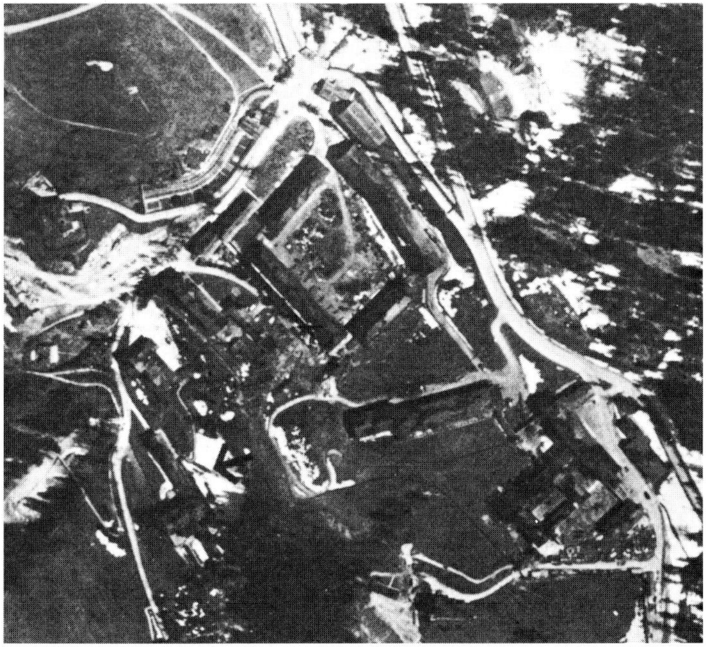

Luftbild nach der Bombardierung des Obersalzberges.

Hier mußte so schnell wie möglich Abhilfe geschaffen werden. Die Bewohner der Siedlungen Klaushöhe und Buchenhöhe wie auch die des gesamten Führergebietes waren ausgebombt und mußten evakuiert werden. Hinzu kam, daß die Verbringung meines Staatsgefangenen mit seiner Familie nach Mauterndorf nun dringend geboten erschien. Sein Haus war zerstört.
Noch immer wohnten etwa 3000 meist italienische Arbeiter am Antenberg. Glücklicherweise hatte der Bombenangriff unter ihnen keine Opfer gefordert. Sie gingen unter Anleitung der Baufirmen sofort daran, die zerstörten Straßen wieder befahrbar zu machen. In Tag- und Nachtschicht wurde in vorbildlicher Disziplin und Einsatzwilligkeit gearbeitet. Ihrer Leistung gedenke ich in großer Dankbarkeit. Erst am 27. April 1945 war es soweit.
Eine Wagenkolonne unter Führung eines SS-Standartenführers fuhr mit Göring, seiner Familie, dem Troß und der Begleitung nach Mauterndorf. Hierzu standen dem Reichsmarschall noch einmal seine sonderangefertigten Mercedesfahrzeuge, sie hatten den Bombenangriff in einer Tiefgarage überstanden, zur Verfügung. Es waren dieselben, mit denen er sich später in amerikanische Gefangenschaft begab. Eines davon steht im Kanadischen Kriegsmuseum in Ottawa.
Eine wesentlich größere Wagenkolonne, zum überwiegenden Teil LKW's, evakuierten die ausgebombten Familien. Nach meiner heutigen Schätzung an die 1000 Personen – unter Führung eines bewährten Kfz-Offiziers in Richtung Pullach bei München.
Die Durchführung dieser Maßnahme dauerte bis zum 29. April 1945.
Inzwischen bewährte sich meine mit Landrat Jakob rechtzeitig getroffene Verabredung. Ich erläuterte ihm meine Situation. Ein Abzug des militärischen Schutzes kam erst in Frage, wenn die ausgebombten Menschen in Sicherheit gebracht waren.
Im übrigen wiederholte ich mein früheres Versprechen: Berchtesgaden und das Berchtesgadener Land sollen, soweit das in meinen Kräften steht, von Kampfhandlungen verschont bleiben. Landrat Jakob bot mir an, den Ausgebombten und Flüchtlingen des »Berges«, soweit diese es wünschten, behilflich zu sein.
Eine Aufgabe blieb mir schließlich noch.
Göring wußte noch nichts von dem Erschießungsbefehl, den ich erhalten hatte. Auch die letzten Funksprüche, die seine Person betrafen, hatte Ich Ihm nicht bekannt gegeben.
Das wollte ich in einem letzten klärenden Gespräch nachholen. Bei dieser Gelegenheit wollte ich auch seine Unterbringung in Schloß Mauterndorf kennenlernen.
Ich übergab das Kommando meinem Stabsführer und fuhr am 30. April 1945 nach Mauterndorf.
Die Fahrt ging durch das Tal der Salzach bis Werfen und dann über die Paßstraße der Radstätter Tauern. Oben in fast 2000 m Höhe herrschte noch der Winter. Die mit Fräsen geräumte Straße führte an meterhohen Schneewänden vorbei. Lebhafter Verkehr, meist von Richtung Süd nach Nord, verursachte manchen Aufenthalt. Militärtransporte ohne Ende. Deutliche Anzeichen der Auflösung.

Ungepflegte, hungrige Gesichter, keine Marschordnung, zerlumpte Bekleidung. Liegengebliebene Fahrzeuge verengten die ohnehin schmale Durchfahrt. Die geschlagenen deutschen Armeen entließen ihre Mannschaften mit fingierten Marschbefehlen in die Heimat.
So gelangte ich, gegen die Flüchtlingsströme ankämpfend, jenseits der Paßhöhe in den Lungau und dessen ältester Marktgemeinde: Mauterndorf.
Dort residierte Göring ein letztes Mal, bewacht zwar, in einem Schloß, das die Fürsterzbischöfe von Salzburg im 12. Jahrhundert erbaut und später noch einige Male umgebaut hatten.
Ich ließ mich bei Göring anmelden. Nach längerem Warten empfing er mich im Rittersaal, dessen prachtvolle Ausstattung, kunstvoll gearbeiteten Möbel aus Renaissance und Barock, Balkendecke, Holztäfelung, kostbare Gemälde und Gobelins mich sehr beeindruckten. Wie ich mich selbst überzeugen konnte, gab er sich ganz diesem Traum von Fürstenherrlichkeit hin, sodaß ich mich unwillkürlich in jene Zeit zurückversetzt fühlte, die vor hunderten von Jahren abgelaufen war.
Eine Uniform aus dem 2. Weltkrieg paßte nicht in diese Umgebung. Göring erschien in einem prachtvollen Jagdkostüm.
Ich meldete mich militärisch und durfte Platz nehmen.
Im nachfolgenden Gespräch schilderte ich ihm den Gang der letzten Ereignisse aus meiner Sicht. Ich gab ihm den Inhalt der eingegangenen Funksprüche, einschließlich dem bekannt, der den Erschießungsbefehl enthalten hatte. Ich legte offen dar, weshalb ich ihm diesen Sachverhalt bisher vorenthalten hatte und weshalb ich nicht daran dächte, den Erschießungsbefehl auszuführen. Dabei sprach ich auch über die Motive meiner Handlungsweise und wie ich versucht hatte, die Verhaftung zu umgehen, um ihm Handlungsfreiheit zu verschaffen.
Göring ging jedoch auf dieses Thema nicht ein.
Er streifte mit wenigen Worten die seiner Meinung nach verhängnisvolle Rolle Bormanns, übte jedoch mit keinem Wort Kritik an Hitler.
Das Gespräch dauerte etwa 15 Minuten. Ich versuchte, den Eindruck dieses schönen Raumes, der Berge, durch das Burgfenster betrachtet, in mich aufzunehmen.

Mauterndorf zu Beginn des 19. Jahrhunderts.

Dann kam die freundliche Verabschiedung. Das Gespräch unter vier Augen war beendet.
In seinem Gesicht hatte ich keine Spur von Resignation entdecken können. Entschlossenheit. Er wußte, für ihn gab es kein zurück. So fuhr er dann auch, wie bekannt, wenige Tage später in die amerikanische Kriegsgefangenschaft; im vollen Schmuck seiner Marschallswürde; in demselben schweren Mercedeswagen, die ihn vom Obersalzberg nach Mauterndorf gebracht hatten.
Noch am gleichen Tage fuhr ich zurück zum Obersalzberg. Am 30. April 1945 hatten die Amerikaner München

Reichsmarschall Hermann Göring.

erobert. Die Besetzung des Obersalzberges stand kurz bevor. Daß sie tatsächlich erst am 4. Mai 1945 erfolgte, hat nichts mehr mit ernsthaftem Widerstand deutscher Verbände zu tun. Dieser Zeitpunkt ließ sich im voraus nicht berechnen.
Bevor ich das Stichwort zum Abzug aller militärischen Verbände vom Obersalzberg und dem Berchtesgadener Land gab, mußte die dann zu befürchtende Gefahr von Plünderungen nach Möglichkeit eingeschränkt werden. Ich verabredete deshalb mit Landrat Jakob, daß die Bevölkerung unter militärischem Schutz die Keller des Obersalzberges räumen sollten. Sie kamen mit Leiterwagen und Handkarren, sogar mit pferdebespannten Bauernwagen. Sie luden sich Lebensmittel, Wein, Spirituosen jeder Art auf, soviel sie nur laden konnten. Auch die Arbeiter des Obersalzberges bekamen ihren Anteil. Als ich am 2. Mai 1945 das Zeichen gab und mich selbst in Richtung Lofer absetzte, waren die Vorräte noch lange nicht erschöpft. Wie ich später erfahren mußte, kam es zu Plünderungen.

Es gelang jedoch Landrat Jakob sehr schnell bis zum Einzug der Franzosen und später der Amerikaner wieder Ordnung herzustellen.
Bleibt noch zu erwähnen, daß der Befehlshaber Süd (Italien), Feldmarschall Kesselring, in den letzten Kriegstagen sein Hauptquartier am Königssee aufgeschlagen hatte. Da ich hiervon erst später erfuhr, kann ich mir nicht denken, daß von hier aus noch nennenswerte militärische Aktionen in Gang gesetzt wurden.

An den Schluß meines Berichtes stelle ich ein erfreuliches Erlebnis, welches ich im Sommer 1983 haben durfte.
Herr André Roit, Ritter der französischen Ehrenlegion und Oberstleutnant der berühmten französischen Fallschirmjägertruppe, besuchte mich.
Ihn ließen unbewiesene Gerüchte über angebliche Grausamkeiten, die seine Truppe an gefangenen Männern der Waffen-SS aber auch an deutschen Zivilisten begangen haben sollten, nicht ruhen.

Er selbst gehörte als Sergeant zum Voraustrupp jener französischen Division, die unter Führung von General Le Clerc am 4. Mai 1945 den Berghof als erste einnahmen. Herr Roit wies mir anhand von Bildern und Berichten nach, daß seine Truppe sich damals uns gegenüber ritterlich verhalten hat. Hierüber bin ich sehr froh.
Herr Roit leistete meines Erachtens mit seinen Bemühungen um die Darstellung der geschichtlichen Wahrheit, worüber er auch ein kleines Buch veröffentlichen will, einen wichtigen Beitrag zur Vertiefung der französisch-deutschen Freundschaft.

»Blick auf den Obersalzberg«
Aquarell des Autors

Interessante Bücher über einen legendären Berg!

»Obersalzberg« – Tatsachenbericht

Geschrieben von einem Mann, der dabei war. Der Autor Josef Geiß war während des Zweiten Weltkriegs bei der Verwaltung der vereinigten Baufirmen am Obersalzberg dienstverpflichtet und hatte aufgrund seiner Stellung weitgehend Einblick in die damaligen Geschehnisse. Seine Berichte sind authentisch und »vor Ort« aufgezeichnet. Der Text wird unverändert abgedruckt, ohne Sensationshascherei und ohne etwas zu verniedlichen. Nach fast 40 Jahren lassen sich Eindrücke oder Geschehnisse durch **falsche Interpretation** nur allzu leicht verfälschen oder verwischen.

Zitat des Autors: »Um den Berchtesgadener Gästen ein **wahres Bild** von den Geschehnissen am Obersalzberg zu vermitteln, habe ich es unternommen, mein Wissen und Erlebtes aus dieser Zeit niederzuschreiben, um so **der Wahrheit** zu dienen.

Ausgaben in Deutsch – English – Françąis

»Das Kehlsteinhaus«

Eine neue Broschüre über das Kehlsteinhaus, dessen Lage und der Vergangenheit als Diplomatenhaus von Adolf Hitler.

Aus dem Inhalt:
Lage des Kehlsteinhauses (mit Luftbildern)
Der Obersalzberg im Umbruch
Bau der Kehlstein- und Roßfeldstraße
Hitler und Eva Braun mit Gästen im Kehlsteinhaus
Heraustrennbares, vierfarbiges Panorama vom Königssee bis Salzburg (Gesamtlänge 120 cm)
Originale Zielanflugpläne zur Bombardierung
Flakstellungen in Berchtesgaden
Bombenschaden am Obersalzberg
Einmarsch der Amerikaner in Berchtesgaden
General D. Eisenhower am Kehlstein
Das Kehlsteinhaus heute
Rundwanderung auf dem Kehlstein
Adolf Hitlers Mercedes Benz

Sie sehen **verschollene Bilder**, wiederentdeckt in **amerikanischen Archiven**.
Erstausgabe 1983, ISBN-Nummer 3-922590-16-0

Wenn Sie sich für weitere Bücher interessieren – bitte Prospekt anfordern!

»DER OBERSALZBERG IM 3. REICH«

In dieser Broschüre wird der Obersalzberg mit all seinen Gebäuden vor und nach dem Bombenangriff gezeigt. Die Bilder sind aus amerikanischen Archiven und zum größten Teil vierfarbig.

AUS DEM INHALT:

Der unberührte Obersalzberg	**Die Theaterhalle**
Das Hitlerhaus	**Das Gästehaus**
Eva Braun	**Das Gewächshaus**
Prominente Besucher	**Der Platterhof**
Der Bombenangriff	**Das Kehlsteinhaus**
Das Landhaus Göring	**Klaus- und Buchenhöhe**
Martin Bormann	**Die Bunkeranlagen**
Das Hotel Türken	**Die Besetzung**
Bormann's Bauwerke	**Der Obersalzberg Heute**

Buchhändler-Bestellnummer: ISBN 3-922590-12-8

Alles über das schöne Berchtesgadener Land erfahren Sie aus dem Farbbildband:

»Berchtesgaden« Geschichte, Brauchtum, Land und Leute, Nationalpark

Dieses in bester Ausstattung gehaltene Buch behandelt folgende Themen:

Geschichte (kurzer Überblick)
Brauchtum (Böllerschießen, Almabtrieb usw.)
Handwerk in der Vergangenheit und Heute
Tierwelt (aus dem Nationalpark Berchtesgaden)
Sehenswürdigkeiten (Salzbergwerk, Obersalzberg, Schellenberger Eishöhlen, Maria Gern, Almbachklamm, Königssee usw.)

Wanderungen und Bergtouren (mit zahlreichen Farbbildern, Tourenbeschreibungen und Kartenausschnitten zum Beispiel zum Jenner, zur Kneifelspitze, auf den Watzmann, Gotzenalm und viele andere mehr). Alles über den Alpen und Nationalpark Berchtesgaden.

ISBN-Nummer 3-922590-03-9, 180 Seiten vierfarbig, fadengebunden, Format 24 x 22,5 cm **DM 36.–**

Bitte bestellen Sie per Postkarte direkt bei uns oder unter Angabe der ISBN-Nummer bei Ihrem örtlichen Buchhändler.

Keine Nachnahmegebühren! Täglicher Versand!

Verlag Anton Plenk KG · Postfach 147 · 8240 Berchtesgaden · ☎ 08652/4282